Die anderen Menschen
Poesie und Prosa

Другие люди
Поэзия и проза

Braunschweigische
Landschaft e.V.

Die anderen Menschen

Poesie und Prosa

Другие люди

Поэзия и проза

Zusammengestellt von

Gernot Bischoff
Tatjana Olejnikowa
Alexander Maschkara

Mit einem Vorwort von
Lutz Tantow

1998
Georg Olms Verlag
Hildesheim · Zürich · New York

Herausgegeben im Auftrag der Braunschweigischen Landschaft e. V.
Die wörtliche Übersetzung übernahmen
Elisabeth Anker
Elena Olejnikowa
Helene v. Rautenkranz
Roman Popow

Die künstlerische Überarbeitung der
Texte erfolgte durch
Gernot Bischoff
Alexander Maschkara
Tatjana Olejnikowa

Eine textgleiche Fassung erschien im Verlag
„Moskauer Schriftsteller", Moskau 1996

∞ ISO 9706

Printed in Germany
Gedruckt auf säurefreiem und alterungsbeständigem Papier
Umschlaggestaltung: Prof. Paul König, Hildesheim
Layout: Verlagsdienstleistungen, Berlin-Charlottenburg
Herstellung: Lokay, Reinheim
ISBN 3-487-10644-2

Содержание

Inhalt

VORWORT
ПРЕДИСЛОВИЕ

Лутц Тантов

ГОЛОСОМ СЕРДЦА

Причиной выхода настоящей антологии русских и немецких писателей является не политика, не дипломатия или хотя бы двусторонние соглашения о культурном сотрудничестве - предпосылкой ее создания стало постепенное сближение, шаг за шагом, людей наших стран.

Началом этих отношений явились промышленные контакты, а потом и содружество двух городов - Зальцгиттера в Брауншвейгской области и Старого Оскола в Белгородской области. Оба города - промышленные и металлургические, оба - окружены сельскохозяйственными просторами.

И там и здесь люди мало что знали друг о друге. Их сблизили трудовые начала, приведшие при встречах к спонтанной симпатии и желанию помогать друг другу. Тот факт, что мы не знаем, что думают, чувствуют и делают другие люди и как они говорят, передают и высказывают свои мысли, как работают, - это состояние незнания с самого начала решили изменить двое, а именно: в 1992 г. в Зальцгиттере познакомились Александр Машкара, русский писатель - инициатор фестиваля «Оскольская лира», и немецкий писатель Гернот Бишофф, представитель рабочей группы «Музыка и литература» общества «Брауншвейгский Ландшафт» (общество заботы о культурных началах в Брауншвейгской области). Оба от всего сердца стремились к объединению.

После того, как открылся книжный рынок в России, появилась возможность русско-немецкого издания в Москве. А для «Брауншвейгского Ландшафта» Г. Бишофф как раз выпустил антологию авторов области. Естественно, напрашивалось укрепление контактов между обоими литератур-

Lutz Tantow

Mit der Stimme des Herzens

Daß diese vorliegende Anthologie mit russischer und deutscher Literatur zustande kam, ist – wie so oft – nicht der großen Politik, Diplomatie oder gar bilateralen Kulturabkommen zu verdanken, sondern der allmählichen Annäherung von Menschen in kleinen Schritten.

Am Anfang standen die Industriekontakte und die Städtepartnerschaft von Salzgitter in der Region Braunschweig und Staryj Oskol in der Region Belgorod, 700 km südlich von Moskau, beides Stahlkocher- und Industriestädte, eingebettet in landwirtschaftliche Umgebung. Die Menschen hier wie dort wußten wenig von den jeweils anderen, die ähnlichen Arbeitsbedingungen führten aber bei Begegnungen zu spontaner Sympathie und zur Bereitschaft, wechselseitig Hilfe zu leisten. Daß wir aber *nicht* erfahren, was die anderen denken, fühlen, tun, und wie sie ihr Denken, Fühlen und Tun artikulieren, formulieren, wie sie es erzählen, Sprache werden lassen, diesen Zustand wollten vor allem zwei Menschen beenden.

1992 lernte Alexander Maschkara, russischer Schriftsteller und Initiator des Lyra-Festivals in Staryj Oskol, den deutschen Schriftstellerkollegen Gernot Bischoff, Sprecher der Arbeitsgruppe Musik und Literatur in dem Verein Braunschweigische Landschaft, in Salzgitter kennen. Beide waren getrieben von dem Drang zur Kooperation. Maschkara sah nach der Öffnung des Buchmarktes in Rußland die Möglichkeit zu einer deutsch-russischen Edition in Moskau. Für die Braunschweigische Landschaft hatte Bischoff gerade eine Anthologie von Autoren aus der Region herausgebracht. Es lag nahe, die beiden Literaturkreise miteinander ins Gespräch zu bringen.

ными кругами. Писатели звонили, писали и посещали друг друга, а потом назрело решение объединить писателей из Белгородской области и из Брауншвейгской в антологию, – так сказать, для прокладывания дороги дальнейшего немецко-русского обмена культурными ценностями. Многонедельные переводы, литературные чтения, театральные выступления в Старом Осколе и в Зальцгиттере, литературные вечера в Брауншвейге и Зальцгиттере – уже представляли собой важные двусторонние встречи культуры. Поэтому данная книга действительно была написана голосом сердца в самом благородном смысле этого слова. Вот таким простым и в то же время веским является секрет появления данного сборника.

Эта книга, конечно, может выйти за пределы понимания друг друга, так как она представляет не только часть русской или немецкой современной литературы, но и показывает, как изменяется форма и темы, как изменяется язык и литература под знаменем сближения Востока и Запада.

Мир был наполнен предубеждениями как западной, так и восточной стороны, где было «чеканное» обозначение «противника». Несмотря на необъятные просторы бывшая ранее ограниченной перспектива Советского Союза вдруг становится безграничной. Западная роскошь в смысле товаров потребления становится достижимой. Средства массовой коммуникации помогают миру срастись. Поэтому меняются и ценности, и требуется искать новые ответы на старые вопросы. На Востоке приобретаются новые смыслы таких понятий, как национальность, Родина, экономика, происходят общественные и культурные изменения. Однако неизменными остаются такие русские качества как юмор и мужество!

Man schrieb, telefonierte und besuchte einander, bis man sich entschied, Schriftsteller aus den Regionen Belgorod und Braunschweig in der Anthologie zu Worte kommen zu lassen, sozusagen beispielhaft und wegbahnend für einen weiterführenden deutsch-russischen Kulturaustausch. Wochenlange Übersetzungsarbeiten, wechselseitiges Vorlesen, Theateraufführungen in Staryj Oskol und Salzgitter, öffentliche Lesungen in Braunschweig und Salzgitter waren bereits von beiden getragene wichtige Kulturbegegnungen. So wurde das vorliegende Buch im besten Wortsinne mit der *Stimme des Herzens* geschrieben. So einfach und schwerwiegend zugleich ist das Rezept dieser Sammlung.

Natürlich möchte dieses Buch auch über das gegenseitige Verstehen, das Einander-besser-Kennenlernen hinausgehen, indem es nämlich nicht nur einen Teil der russischen oder deutschen Gegenwartsliteratur abbildet, sondern zugleich zeigt:

Wie verändern sich Formen und Themen, wie wandeln sich Sprache und Literatur im Zeichen west-östlicher Annäherung?

Die Welt war aus westlicher wie östlicher Perspektive vorurteilsbelastet und von Feindbildern geprägt. Die trotz unendlicher Weite früher eingeschränkte oder vereinseitigte Perspektive Sowjet-Rußlands ist plötzlich grenzenlos; westliche Konsum- und Luxusgewohnheiten werden mit einem Mal greifbar. Die satellitenkommunizierenden Massenmedien lassen die Welt zusammenrücken. Damit verändern sich die Werte und werden neu befragt. Im Osten bekommen Phänomene wie Nationalität, Heimat, wirtschaftliches Wachstum und gesellschaftlicher wie kultureller Wandel neue Qualität. Doch verläßt die Russen weder der Mut noch der Humor.

Но если у любого спросить, кто в ответе за наши беды, он, конечно, ответит: «другие люди». Они всегда и во всем виноваты. Но в этой книге показано, что эти «другие» могут дать приют и убежище.

Представим себе влюбленного путешественника на пути к своей подруге. Он близок и противопоставлен своим спутникам, но даже во время конфликта действует, как ему подсказывает голос сердца и верен себе. Собственно говоря, рассказ Н. Душки «Другие люди» можно было бы помещать в начале каждой главы этой книги. Рассказ нами помещен первым - он и дал название книги.

Русский читатель этой книги почувствует, что немецкие тексты часто, так сказать, «объективно-переохлаждены» - они именно этим и эмоциональны ... Они скрупулезно разбираются с потерей ценностей после 1945 г., весьма трезво, часто с пессимистической или отрицательной точки зрения.

Стихи и проза приближаются друг к другу и создаются смешанные формы без рифм.

С русской стороны все иначе: здесь господствуют чувства, здесь главенствует сердце, отношения к Родине и нации не надломленны. Каждодневная политика бледнеет перед чистой лирикой и философскими мыслями.

Творческий процесс работы переводчиков скрыт от читателя именами авторов. Мы выражаем сердечное спасибо Елене Владимировне фон Раутенкранц и Элизабет Анкер (Германия), Елене Олейниковой и Роману Попову (Россия), которые переводили тексты дословно, бережно относясь к слову и мысли авторов. Осуществленные в дальнейшем немецкими и русскими писателями литературные переводы, возможно, в определенной степени отходят от дословного перевода - т. е. являются вольными.

Allseits ist Neuorientierung zu beobachten. Das heißt: nichts ist mehr so, wie es war.

Und wenn jemand gefragt wird, wer schuld daran sei, antwortet er: *die anderen Menschen.* Sie sind immer an allem schuld. Dieses Buch zeigt, daß sie aber auch Zuflucht sein können.

Stellen wir uns einen reisenden Liebhaber vor, auf dem Weg zu seiner Freundin in einer fremden Stadt bei *den anderen Menschen.*

Er ist gedanklich mit sich selbst, zugleich aber auch mit seinen Mitreisenden, *den anderen Menschen* befaßt. er macht Annäherungen und Fremderfahrungen, handelt selbst noch in der Wendezeit mit der Stimme des Herzens und wendet sich an seine Freunde. Eigentlich hätte N. Duschkas Erzählung „*Die anderen Menschen*" unter den meisten Kapiteln dieses Buches stehen können – sie wurde vorangestellt und gab der ganzen Anthologie den Titel.

Der russische Leser dieses Buches wird erkennen, daß die deutschen Texte im Unterschied zu den russischen oft sachlich-unterkühlt sind und gerade dadurch emotionalisieren, sie behandeln den Werteverlust nach 1945 nüchtern und folgen häufig einer Betrachtung vom Negativen her. Gedichte und Prosatexte nähern sich einander an, reimlose Mischformen entstehen. Die Beziehungen zu Heimat und Nation sind gebrochen, Tagespolitik verblaßt hinter wahrer Lyrik und philosophischen Gedanken.

Was der Leser nicht sogleich erkennt, ist der schöpferische Prozeß, den wechselweise die Übersetzungsarbeit darstellt. Ein herzlicher Dank gilt an dieser Stelle auf deutscher Seite Helene v. Rautenkranz und Elisabeth Anker, die die russischen Texte mit sehr viel Einfühlungsvermögen übertragen haben. Die durch deutsche Schriftsteller geleisteten literarischen Übertragungen waren die zweite Stufe des Prozesses, der naturgemäß die wörtliche Übersetzung abgewandelt hat.

Мы особенно благодарны спонтанному согласию обеих сторон, мужественно пошедших на это «приключение» печатания текстов на двух языках, а также спонсорам данного проекта с немецкой стороны, обществу «Брауншвейгский Ландшафт», которое помогло книге выйти в свет, предоставив дотацию на печатание ее.

Желаем, чтобы читатель этой книги, созданной, напечатанной и изданной голосами многих сердец, читал ее также и своим сердцем ...

Ganz besonders danken wir den spontanen Zusagen der beiden Verlage, sich auf das zweisprachige „Abenteuer“ eingelassen zu haben und den Förderern dieses Projektes: auf deutscher Seite dem Verein „Braunschweigische Landschaft e.V.“, der das Buch herausgeben half.

Möge der Leser dieses Buches, das mit den Stimmen vieler Herzen verfaßt, gedruckt und verlegt worden ist, es auch mit dem Herzen zu lesen verstehen.

МЫ ПЛЫВЕМ ПО ТЕЧЕНИЮ

TREIBEND IM STROM DES LEBENS

ДРУГИЕ ЛЮДИ

Один молодой человек - Вася - собрался в Харьков.

Там училась его несравненная Дуся. Они познакомились случайно - так встречаются в море корабли. Они поняли, что созданы друг для друга. Бог, когда создавал их, подразумевал, что *это* сойдет для *этого*, а когда закончил, то был в добром расположении и вдохнул в них одинаковые души. А потом, взгрустив, распустил в разные стороны. Чтобы двоим было легче встретиться, он придумал для них имена с одинаковыми окончаниями: Вася и Дуся, - как мило и разумно, а то, бывает, проживут люди жизнь и не найдут друг друга.

Вася, в отличие от тех пассажиров, которые не ехали к Дусе, появлялся на железнодорожном вокзале задолго до прихода электрички. И когда вдали показывалась ее голова, Вася следил, чтобы электричка случайно не пробежала мимо. Мимо такого города, как Н. (на самом деле - Белгород) проскочить так легко, но ... Проскочить можно мимо Цуповки, когда скоростной рейс; но если в Цуповке кто выходит, то не тут-то было, скоростной рейс или еще какой. Едет человек мимо родного дома, видит родную хату ... В рейсе не положена остановка, но раз, и проедешь мимо дома. Человек дергает стоп-кран. Счастливый, он идет домой. А счастливые пассажиры едут дальше. Ничего не случилось, не авария, не столкновение. Люди привыкли к стоп-крану и зря не дергают его, хоть он и красный.

Электричка лихо свистнула, протолкалась между двумя поездами и остановилась. На узкую платформу высыпали люди, но не рассыпались, как горох, а то кто-нибудь под колеса попал бы. Они образовали движущийся ручей, и

Nikolai Duschka

Die anderen Menschen

Wassja, ein junger Mann, wollte nach Charkow fahren; denn dort studierte seine unvergleichliche Dussja. Sie hatten einander durch Zufall kennengelernt – so, wie sich Schiffe auf Meeren begegnen. Aber sie erkannten, daß sie füreinander geschaffen waren. Als Gott sie schuf, mußte ER gemeint haben, daß Diese zu Jenem gehörte, und als ER mit der Schöpfung fertig war, hatte ER gute Laune und hauchte ihnen die gleichen Seelen ein. Aber dann, wehmütig geworden, schickte ER sie in verschiedene Richtungen. Damit sie einander leichter als gleiche Seelen erkennen könnten, gab ER ihnen Namen mit gleicher Endung – Wassja und Dussja – praktisch und lieb, denn es kann schon passieren, daß die Menschen ihr Leben gelebt und einander doch nicht gefunden haben.

Im Gegensatz zu den Passagieren, die nicht zu Dussja fuhren, wartete Wassja auf dem Bahnhof schon lange auf die Ankunft der E-Lok mit dem Zug nach Charkow. Und wenn er den Zug von weitem nahen sah, war er ängstlich, daß er womöglich vorbeifuhr. Klar, an einer solchen Stadt wie Belgorod wird man nicht so schnell vorbeifahren, aber ... An Zupowka kann man vorbeirutschen, wenn es sich um einen Schnellzug handelt. Wenn einer in Zupowka aussteigen will, dann – Pustekuchen, ob nun Schnellzug oder sonstwas. Der Reisende fährt an seinem Vaterhaus vorbei. In der Fahrtroute ist kein Halt vorgesehen – aber man kann doch nicht an seinem Haus vorbeifahren! Der Reisende zieht die Notbremse und eilt heimwärts. Die anderen fahren weiter. Nichts ist passiert, keine Havarie, kein Zusammenstoß. Wir haben uns an Notbremsen gewöhnt. Wer zieht sie schon unnötigerweise, wenn sie auch rot sind?

Die Elektrolok pfiff leise, quetschte sich zwischen zwei anderen Zügen durch und kam glücklich zum Halten. Auf den schmalen Bahnsteig strömten die Menschen, doch nicht wie Erbsen, sonst hätte ja jemand unter die Räder kommen können. Nein, sie bildeten einen dahinесли бы над головами одновременно поднимали лоскутки материи, было бы еще красивее. Но был обычный день, а не праздник, поэтому ничего не поднималось, кроме детей, которых могли примять. Люди вышли, и Вася полез в вагон.

В вагоне спал человек. Полусидя. Полулежа. Рядом полеживала на боку авоська. Ее ручки были надежно зажаты в руке. Просыпаться человек не собирался. В его подсознании стояла глубокая ночь. Его лицо было безмятежно, дыхание - ровно. Иногда он улыбался во сне. Ему снились большие деньги. Его крупные красноватые руки вызывали уважение. К этим рукам шли и мозоли, и трещины на ладонях. В авоське лежала свежая буханка серого хлеба, кусок мяса в оберточной бумаге. В одном месте бумага размокла, и мясо проглядывало. Лицо человека, небритого два дня, не отталкивало: было некогда бриться, заботился о семье.

Хотя Харьков и не портовый город, в вагоне пахло рыбой. Поблизости от спящего пахло свежим хлебом. А когда Вася принюхался, он учуял еще один запах. Вася понял, что человек пил. Может быть, с горя?

- Товарищ, - сказал Вася, - Вам выходить пора.

- Не трогайте его, - попросила немолодая женщина в платке. Ее муж, наверное, был алкоголик.

- Пора вставать, - не унимался Вася.

Человек перекатил голову с одной стороны на другую, выказывая этим свою независимость, и не проснулся, так как был занят. Он прятал за пазуху нераспечатанные пачки банковских билетов. Страшно сказать каких.

- Не трогай его, сынок, - сказала бабушка. - Пусть катается.

- Накатался подлюка, - добавила женщина в платке.

В вагон входили другие люди. На соседнюю скамейку

gleitenden Bach, und wenn sie über ihre Köpfe Stoffetzen gehalten hätten, hätte es direkt lustig ausgesehen. Aber es war ein normaler Tag, kein Festtag, und so wurde nichts hochgehalten außer den Kindern, die sonst hätten zerdrückt werden können. Die Menschen stiegen aus und ein, und auch Wassja kletterte in einen Waggon.

Im Waggon schlief ein Mann, halb sitzend, halb liegend, daneben die Einkaufstasche, Vielleichtchen genannt, weil es ja vielleicht irgendwo, irgendwie etwas zu kaufen geben konnte. Die Träger der Tasche hielt er fest in der Hand. Er hatte nicht vor, aufzuwachen; in seinem Unterbewußtsein war es tiefe Nacht. Sein Gesicht wirkte friedlich, sein Atem ging gleichmäßig. Manchmal lächelte er im Schlaf. Er träumte wohl von einem guten Einkauf. Seine großen rötlichen Hände forderten Respekt ab. Zu diesen Händen paßten auch die Schwielen und die Risse in den Handflächen. In der Tasche lagen ein Laib frisches Graubrot und ein Stück Fleisch in Einwickelpapier. An einer Stelle war das Papier durchgeweicht, und das Fleisch guckte heraus. Das Gesicht des Mannes, zwei Tage nicht rasiert, stieß nicht ab: jeder verstand: er hatte keine Zeit zum Rasieren gehabt, er mußte für die Familie sorgen.

Obwohl Charkow keine Hafenstadt ist, roch es im Waggon nach Fisch. In der Nähe des Schlafenden roch es nach frischem Brot. Als Wassja etwas mehr schnupperte, stellte er noch einen anderen Geruch fest. Aha, der Mann war betrunken. Vielleicht aus Kummer?

„Genosse", sagte Wassja. – „Sie müssen vielleicht aussteigen!" „Lassen Sie ihn zufrieden!" keifte eine ältere Frau mit Kopftuch. War der Alkoholiker ihr Mann? Wassja ließ nicht locker. „Es ist Zeit, wachzuwerden!"

Der Mann rollte den Kopf von der einen zur anderen Seite und tat, als ob er nicht gehört hätte. Er war beschäftigt Er versteckte in der Jackeninnentasche versiegelte Päckchen mit Banknoten.

Keiner getraute sich laut zu sagen, was für welche. „Laß ihn, Söhnchen", sagte die Oma. „Laß ihn doch hin- und herfahren!" „Genug hin- und hergefahren, gemeiner Hund" – fügte eine andere hinzu.

In den Waggon kamen andere Leute. Auf die Nachbarbank setzte sich eine Frau mit knallrotem Gesicht. Damit die Zeit schneller verсела женщина с багровым лицом. Чтоб быстрее прошло время, она взялась есть яблоки. Три мужика начали играть в карты. Колода у них была не новой, картинки давно поистерлись, не-картинки тоже едва проглядывали. Но мужиков это не смущало. Рубашки карт пока просматривались. Игроки почти не путали, где картинка, а где рубашка, а если кто путал, то остальные смеялись. Карт было маловато, но всем хватало по несколько штук, и играющие веселились, слюнявили пальцы и радовались, что время пройдет быстрее. Людей в вагоне прибавлялось.

Вася пытался разбудить человека, дергая его за плечо. Он дернул слишком сильно, и человек вдруг зашумел, как водопад. Вася оставил несчастного, но сел напротив, чтобы после отдыха продолжить побудку. За окном ходили люди: чистые, не очень чистые и, изредка, совсем грязные. Этим, последним, не до внешнего блеска, у них другое на уме: не сиюминутное, вечное.

– Я проснулся, – по-детски обрадовался человек. Его крупные голубые глаза смотрели на Васю без любви, без ненависти. Философская самоотреченность. Человек долго вглядывался в авоську, она пробудила в нем свежие мысли, так как он повернулся к окну, очевидно, определяясь в пространстве. В его глаза постепенно стала вливаться злая мысль.

– Почему не разбудил? – набросился он на Васю.

– Мы еще стоим, можно взять авоську и выйти, – оправдывался Вася.

– Выйти, выйти, – передразнил человек и добавил несколько слов.

Люди, которые сидели на соседней скамейке, не услышали того, что могло бы оскорбить их слух.

Электричка сдвинулась с места. Человек окончательно проснулся, ему захотелось поговорить. Высказаться. Его ging, fing sie an, Äpfel zu essen. Drei Männer spielten Karten. Das Kartenspiel war nicht neu, die Bilder waren schon längst abgerieben, auch die Zahlen waren kaum zu erkennen. Aber den Männern schien das nichts auszumachen. Die Rückseiten der Spielkarten waren durchscheinend. Die Spieler wußten trotzdem, welches Vor- und Rückseite war, und wenn sich jemand irrte, dann lachten die anderen. Es waren auch zu wenige Karten da, aber jeder hatte einige, und die Spieler hatten ihren Spaß, spuckten auf ihre Finger und freuten sich, daß die Zeit schneller verging. Die Menschenmenge in dem Waggon wuchs an.

Der Zug stand. Wassja versuchte immer noch, den Betrunkenen zu wecken, indem er ihn an der Schulter zog. Er zog wohl zu heftig; denn der Mann fing plötzlich im Halbschlaf an zu lärmen. Wassja ließ ihn in Ruhe und setzte sich ihm gegenüber, um nach einiger Zeit der Ruhe die Aufweckversuche fortzuführen. Am Fenster gingen Menschen vorbei, saubere und manchmal ganz dreckige. Letztere hatten nichts für den äußeren Glanz mehr übrig. Sie hatten anderes im Sinn, vielleicht das Ewige.

„Ich bin jetzt wach!“ besagte kindlich der Blick des Mannes. Seine großen hellblauen Augen schauten auf Wassja ohne Liebe, aber auch ohne Haß. Philosophische Selbstverleugnung. Der Mann schaute lange auf seine Tasche. Sie weckte in ihm frische Erinnerungen, denn er wandte sich ans Fenster, um sich an dem Bahnhof zu orientieren. In seinen Augen glomm plötzlich ein böser Gedanke auf. Er stürzte sich auf Wassja. „Warum hast du mich nicht geweckt?“ „Wir stehen ja noch, Sie können Ihre Tasche nehmen und aussteigen,“ entgegnete Wassja.

„Aussteigen, aussteigen“, äffte ihn der Mann nach, dann fügte er noch Schimpfworte hinzu. Die Menschen auf den Nebenbänken hatten natürlich nichts gehört, was ihr Empfinden hätte beleidigen können.

Der Zug fuhr wieder an. Der Mann, nun ganz wach, bekam plötzlich Lust, mit den anderen zu reden. Irgendetwas ärgerte ihn, daran konnten nur die anderen Menschen schuld sein. Vielleicht der gegenüber? Sein Blick fixierte ihn. Er bekam Lust, ihm eins auszuwischen.

Na, na. Wassja war auf der Hut. Der Mann beruhigte sich langsam, aber er gab nicht auf. Der böse Gedanke, der in seinen blauen Augen что-то раздражало, а в этом могли быть виноваты только другие люди. Может - этот, что напротив. Захотелось нагадить ближнему.

- Ну-ну, - Вася был настороже.

Человек постепенно успокоился, но не унялся. Злая мысль, которая плавала в голубых глазах, утекла в неопасное место, но появилось новое течение. Человек прожил трудную жизнь, поучительную жизнь. Он готов был выложить ее всю. Он воодушевился для рассказа, но Вася отвернулся к окну. «Он не хочет слушать?!»

Началось непредвиденное. Человек встал во весь рост. В его глазах появились мысли. Ни одна, а много. Он расправил плечи и произнес:

- Вот этот! - патетика его речи тронула пассажиров вагона. Они прислушались.

- Этот, - продолжал человек, показывая рукой на Васю, - обидел меня. Обидел! - он показывал на себя и мотал головой, взывая к сочувствию.

- Распустились, - поддержал оратора несмелый голос.

- Работать не хотят, зато оскорблять умеют.

- Дайте на него посмотреть.

- Хамы! - багровое лицо женщины стало почти пурпурным.

Сначала прошлись по Васе, потом по его сверстникам, потом добрались и до Дуси. Они не знали, как ее зовут, но они знали о ней все остальное. Когда Вася понял, что защищаться бессмысленно, он перебрался в другой вагон, и потом, для надежности, прошел еще дальше.

Здесь ехали совсем другие люди.

schwamm, bekam eine neue Richtung. Der Mann hatte ein schwieriges Leben gelebt, eins, von dem andere lernen konnten. Er war bereit, das Leben vor den Mitreisenden auszubreiten, beseelt von dem Drang zum Erzählen. Aber Wassja wandte sich zum Fenster ab. „Willst du etwa nicht zuhören?" Es geschah Unvorsehbares. Der Mann stemmte sich hoch. Seine Augen sprühten Blitze. Er machte die Schultern gerade und donnerte: „Dieser da!"

Das Pathetische seiner Rede berührte die Passagiere im Waggon. Sie horchten auf. „Dieser da", fuhr der Mann fort und zeigte mit dem Finger auf Wassja, „hat mich beleidigt! Jawohl, beleidigt!" Er zeigte auf sich und schüttelte den Kopf, um Mitleid bei den übrigen hervorzurufen. „Ein unhöflicher Mensch", unterstützte eine zaghafte Stimme den Redner. Ein anderer: „Arbeiten wollen sie nicht, aber beleidigen können sie". „Laßt uns den mal angucken!" drängten ferner Sitzende herbei. „So ein Flegel!" Das rote Gesicht der Frau wurde puterrot.

Alle beschimpften Wassja, dann seine Altersgenossen, dann auch seine Freundin. Sie wußten ja nicht, wie sie heißt, aber sie dachten sich wohl alles Übrige. Wassja verstand, daß es keinen Zweck hatte, sich zu verteidigen. Er lief also in einen anderen Waggon. Und, um ganz sicher zu sein, ging er noch weiter und setzte sich dort. Hier fuhren andere Leute ...

МЫ ПЛЫВЕМ ПО ТЕЧЕНИЮ

Мы плывем по теченью недвижимых вод,
а куда нас несет, лишь Господь нас поймет,
Он поймет, если к нам Светлый Лик обернет
и увидит, как мы средь недвижимых вод
плывем,
  плывем,
    зубы сжав
и дыханье на век задержав,
на виду у враждебных и чуждых держав.
Не пристать, не причалить
  и помощи не попросить,
только плыть нам дано,
  неизвестно, куда плыть и плыть.
И безмолвно молить
  без молитв, что молитва пробьет
семь небес,
  за которыми Бог наш живет
Он живет,
  Он бессмертен,
    Он знает, когда
оживет вокруг нас
  неживая вода.

Wir schwimmen dahin

Wir schwimmen dahin in dem toten Gewässser.
Ein Sog nur. Wohin er uns treibt,
kann nur der Herrgott verstehn.
Er wird's verstehn, wenn er sein lichtes Antlitz erhebt und sieht,
wie wir hilflos im toten Gewässer schwimmen,
schwimmen
die Zähne zusammengebissen
und angehalten den Atem
in Sicht von fremden und feindlichen Mächten.
Wir können von selbst nicht ans Ufer stoßen,
können nicht anlegen
und keine Hilfe erbitten.
Es ist uns nur gegeben zu schwimmen,
zu schwimmen ins Ungewisse
und stumm zu flehen,
ohne zu hoffen, daß unser Gebet
die sieben Himmel durchstößt,
hinter denen der Herrgott wohnt.
Er lebt,
Er ist unsterblich.
Er weiß, wann das tote Wasser
um uns zum Leben erwacht.

Андреас Хартманн

ИЗГНАНИЕ

Навстречу ветру
в чисто поле я бреду,
и полы пиджака
как крылья машут.

А надо мною лебеди летят,
белеют вдалеке,
манят куда-то,
и, окрыленный,
я пою тихонько.

Один я,
но един я
с миром целым,
и я смеюсь
и начинаю бег.

А как хочу
прибыть я в никуда.

Перевод М. Машкары

Andreas Hartmann

Hinausgetrieben

Dem Wind entgegen,
in die freie Landschaft,
zieh ich
mit offener Jacke los.

Weiß und sehr weit oben
fliegen Schwäne
über mich hinweg:
so beflügelt
summ ich vor mich hin.

Ich bin allein,
doch eins mit allem,
atme tief
und lache laut,
dann fang ich an zu laufen.

So will ich
nirgends ankommen.

Андреас Хартман

АТМОСФЕРА

Вместе с нами
сжимается мир –
и становится все
холоднее.

Развиваемся мы,
расширяясь в пространстве –
друг от друга все дальше.

Я вползаю в себя,
я все глубже и глубже
вмерзаю в себя.

Перевод Т. Олейниковой

Andreas Hartmann

Klima

Die Welt
rückt näher zusammen –
es wird immer kälter.

Wir entwickeln uns
immer weiter –
voneinander weg.

Ich krieche
immer tiefer –
in mich hinein.

***

На станции с названьем «Тридцать Лет»
Мой поезд тормозит. В купе не спят.
В одном окне еще горит рассвет,
В другом окне уже горит закат.
На станции с названьем «Тридцать Лет»
В последний раз проверили билет,
В последний раз сказали: «В добрый путь!»
В последний раз поплакали чуть-чуть.
Теперь - без остановки перегон,
И проводница новенький вагон
Спокойно обойдет,свершит подсчет,
Уйдет в свое купе и там уснет.
Теперь надолго определены
Соседи по купе, теперь ясны
Маршруты их, и переплетены
Дыханья наши,и слова, и сны,
Кому - храпеть,кому - писать стихи,
Кому - с причмоком смаковать грехи.
Все роздано: белье,надежды,прыть,
И по-другому не распределить.
Нет, можно все еще переиграть
И в тамбуре пустом - стоп-кран сорвать.

Dreißig Jahre

Auf der Station, „Dreißig Jahre“ genannt,
bremst mein Zug. Niemand schläft im Abteil.
Noch leuchtet die Morgenröte in einem Fenster,
doch das Abendrot schon in dem andern.
In der Station, „Dreißig Jahre“ genannt,
werden letztmals die Tickets geprüft,
zum letzten Mal wünscht man dir „Gute Fahrt“,
man hat auch ein wenig geweint,
dann fährt der Zug ohne Halt lange Zeit.

Die Schaffnerin wird den Wagen jetzt meiden,
wird seelenruhig die Zählung notieren,
schlendern ins Dienstabteil und dort schlafen.

Dauerhaft sind die Nachbarn bestimmt,
ihre Marschrouten klar. Unsere Atemzüge
sind fortan verwoben, auch unsere Worte und Träume.
Einer wird schnarchen, der andere dichten,
der dritte im Traume die Sünden auskosten.
Alles verteilt: die Wäsche, die Kühnheit, die Hoffnung,
und nichts mehr bleibt zu verteilen. –

Nein, – – – man kann das Ganze noch einmal spielen
und auf der leeren Plattform die Notbremse ziehen.

Вольфганг Ришер

ОБДУМЫВАЯ БУДУЩЕЕ

Смеюсь –
эта дождевая бочка
что стоит позади дома
успокаивает меня
и разгоняет
все каждодневные страхи
что нагнетают «Новости»:
у меня есть запас воды
на случай засухи

Перевод Т. Олейниковой

Wolfgang Rischer

Zukünftiges bedenkend

Mein Lachen, in der Regentonne
aufgefangen hinter dem Haus
beruhigt mich & nimmt der Tagesschau
ihren Schrecken
: Vorrat hab ich für
Zeiten der Dürre

Рудольф Гудер

ФРАГМЕНТ ЧЕЛОВЕЧЕСКИЙ

Некролог
homo sapiens
разумнейшему

Что остается
от экспериментов
гнилой интеллигенции
ото всего, что придумано,
совершено, построено,
сконструировано:

неясные орнаменты,
обрывочные фрагменты,
так красиво
светящиеся в темноте
фосфорицирующим
продуктом полураспада.

Жаль!

Перевод А. Машкары

Fragmentum Humanum

Nekrolog
für den homo sapiens
sapientissimus

Was wird denn schon übrigbleiben
von den berühmten Experimenten.
den intelligenten, subtilen,
von den vielen, was sie erdachten,
vollbrachten, montierten,
konstruierten, kombinierten,
extrapolierten und liebten:

Flüchtige Ornamente,
Fragmente, manchmal
gefällig,
im Dunkel leuchtend,
strahlend,
phosphoreszierend,
perennierend –
eine Sache der Halbwertzeit.

Schade.

***

Деревьев озябших увядший наряд, -
Наверное, скоро завьюжит.
Лишь солнечно гроздья рябины горят
Решительным вызовом стуже.

Земля остывает, чернеет земля,
Все ниже и сумрачней небо.
Зеленым огнем полыхают поля,
А тучи как будто из снега.

И так захотелось мне осень продлить,
Рукой отодвинуть метели:
Я из дому вышел, чтоб птиц проводить,
А птицы - уже улетели ...

Im Frost

Im Frost trägt der Wald schon ein welkes Kleid,
und ganz sicher naht in Böen der Schnee. –
In brennendem Rot wie die Sonne zur Herbstzeit
leuchten nur Vogelbeeren dem Weh.

Die Erde wird kühler, die Erde wird dunkel,
und finster und trüber der Horizont.
Weil – über den Feldern loht grünes Gefunkel –
der Schnee in düsteren Wolken wohnt.

So sehr war mein Wunsch, den Herbst zu bewahren
Ich stemmte gegen die Stürme mich keck.
Ich wollte dorthin, wo die Vögel waren,
doch alle Vögel waren schon weg.

***

Мы сходим в тень ...
Мы уступаем путь
Тем, кто удачливее и моложе.
И отблеск славы душу не тревожит
Уже ничуть.

Уже ничуть ...
Нет, я кривлю душой -
Легко словами можно прикрываться:
Мне строки ненаписанные снятся
Еще порой.

Еще порой
Всем доводам назло
Страдаю над бумагами ночами.
И так душе встревоженной печально ...
И так светло! ...

И так светло,
Так грустно от того,
Что покатилась под гору дорога;
Что я успел узнать и слишком много,
И ничего ...

И ничего не зная,
Каждый день
Я в этот мир распахиваю двери ...
Но все ж пишу, себе не очень веря:
- Мы сходим в тень ...

David Lysenko

Wir steigen hinab in den Schatten

Wir steigen hinab in den Schatten,
und ebnen den Weg nur all denen,
die jung und erfolgreicher sind.
Nicht in Schrecken versetzt unsre Seele
der Abglanz des Ruhmes.

Nicht in Schrecken? Um nichts mehr zu schreiben?
Nein, ich bin ehrlich – man kann sich
besser bekleiden mit Worten.
Und ich leide noch hier und da
unter den nicht geschriebenen Zeilen.

Hier und da leide ich,
allen Argumenten zum Trotz,
nächtens, übers Papier gebeugt,
Ja, die erregte Seele hat's schwer,
und alles wird hell!

Und alles wird hell, doch
ich bin traurig,
weil der Weg nur bergab führte,
weil ich es schaffte, viel zu erfahren
und doch auch gar nichts.

Ja, ich weiß gar nichts. Ich öffne neu
jeden Tag die Tür in das Leben.
Und dennoch schreibe ich – ohne es
wirklich selber zu glauben:
„Wir steigen hinab in den Schatten."

ЧУЖОЙ ОПЫТ

FREMDERFAHRUNGEN

Лутц Тантов

ЭКСТРЕННЫЙ ВЫЗОВ

В последние дни он еще благополучно справлялся с этим, но незадолго до того, как его терпению пришел конец, он набрал 1-1-0.

- Полицейское управление слушает ... э-э ... Экстренный вызов полиции!
- Я хотел бы связаться со своим полицейским участком.
- А что же Вы звоните по номеру экстренного вызова?
- Куда же мне еще звонить, если у них в участке никто трубку не берет.
- Как это никто трубку не берет?
- Уж этого я не знаю. Вы не можете соединить меня с участком?
- Нет, это исключено. Мы - служба экстренного вызова!
- И что же мне теперь делать?
- Попробуйте набрать 50-18.
- А чей это номер?
- Полиции.
- А они меня смогут соединить?
- Не знаю. Это Вы спросите у них.
- Значит, Вы ничем не можете мне помочь?
- Позвоните, пожалуйста, 50-18.
- Пятьдесят-восемнадцать.
- Да! И не занимайте линию!
- Ну, хорошо. Большое спасибо.

Что оставалось ему делать, - он набрал 50-18. Подождал, пока телефон прозвенел раз, два, десять - бесполезно. Он вешает трубку и изучает телефонную книгу. После долгого листания страниц он, наконец, находит номер поли-

Lutz Tantow

Notruf

In den letzten Tagen hatte er glimpflich darüber hinweg gesehen, aber jetzt, kurz bevor ihm der Kragen platzte, wählte er die Einseinsnull.

– Hier Polizeidienststelle ... äh Polizeinotruf!

– Ich möchte gern das Polizeirevier hier am Ort.

– Und dann rufen Sie Notruf an?

– Ja, wo soll ich denn sonst anrufen? Direkt dort meldet sich ja niemand.

– Wieso meldet sich da niemand?

– Das weiß i c h doch nicht. Können Sie mich nicht mit dem Revier verbinden?

– Völlig ausgeschlossen. Wir sind der Notruf!

– Und was soll ich jetzt machen?

– Wählen Sie doch mal die Fünfzigachtzehn!

– Wer ist denn das?

– Die Schutzpolizei.

– Können die mich dann verbinden?

– Weiß ich nicht. Müssen Sie mal fragen.

– Also, Sie können mir nicht weiterhelfen?

– Rufen Sie bitte die Fünfzigachtzehn an!

– Die Fünfzigachtzehn.

– Ja! Und machen Sie die Leitung frei!

– Na gut, vielen Dank. Wiederhör'n.

Was blieb ihm anderes übrig; er wählte die Fünfnullachtzehn. Es läutet fünfmal, zehnmal, nichts. Er legt wieder auf und wälzt das Telefonbuch. Nach zahlreichen Querverweisen findet er Schutzpolizei: Fünfzigeinundachtzig. Der Beamte hatte ihm die falsche Nummer genannt. Ein Versehen? Wie dem auch sei, er wählt die Nummer, auch hier tut sich nach dem zehnten Läuten nichts.

ции: 50-81. Чиновник дал ему не тот телефон. Ошибся? Посмотрим: он набирает новый номер, но и здесь после десятого звонка никто не отвечает.

Необходимость не угасла, и когда через два часа терпеливых ожиданий он вновь набирает 50-81, то решает звонить до тех пор, пока на другом конце провода не снимут трубку. Опять пришлось ждать. Минимум до тринадцатого звонка (после десяти он перестал их считать).

- Полиция.
- Я хотел бы переговорить с полицейским участком нашего района.
- В вашем районе нет участка, а есть только полицейский пост.
- Тогда я бы хотел переговорить с постом.
- Так чего же Вы не звоните туда?
- А там никто не отвечает.
- Как это никто не отвечает?
- Понятия не имею! Может быть, Вы сможете меня с ними соединить?
- Нет. К нам Вы обратились совершенно не по адресу. Кто Вас направил?
- Служба экстренного вызова дала мне ваш номер.
- Наш номер? Служба экстренного вызова? Нет, это невыносимо!
- Совершенно верно. У Вас около двух часов никто не брал трубку.
- А что по Вашему мнению тут творится? Пятнадцать телефонных звонков на двух человек персонала. Можете Вы себе представить, что тут не только отвечают на телефонные звонки. Наш отдел завален работой.
- Конечно, я верю Вам, и я Вам не позавидую. Но скажите мне, пожалуйста, как я могу связаться с нашим полицейским постом?

Die Not läßt sich nicht mildern, und als nach zwei Stunden mühevoller Einübung in Geduld immer noch keine Linderung in Sicht ist, wählt er erneut die Fünfnullachteins, entschlossen, so lange anzuläuten, bis am anderen Ende abgenommen wird. Das dauert. Mindestens bis zum dreizehnten Klingeln (bei zehn hatte er zu zählen aufgehört).

– Schutzpolizei.

– Ich möchte gern mit dem Polizeirevier in meinem Ort sprechen.

– Dort gibt es nur einen Polizeiposten und kein Revier.

– Dann möchte ich mit dem Posten sprechen.

– Und warum rufen Sie da nicht an?

– Weil sich dort niemand meldet.

– Wieso meldet sich niemand?

– Keine Ahnung! Vielleicht können Sie mich verbinden.

– Also hier sind Sie völlig falsch. Wie kommen Sie denn auf uns?

– Der Notruf hat mir die Nummer gegeben.

– Unsere Nummer? Der Notruf? Unmöglich!

– Doch, das ist etwa zwei Stunden her. Bei Ihnen ging zunächst niemand ran.

– Ja, was glauben Sie denn, was hier los ist? Fünfzehn Anschlüsse und zwei Mann Personal. Können Sie sich vorstellen, was hier ständig an Anrufen eingeht? Völlig überlastet, unsere Abteilung.

– Also das glaube ich gern, und ich beneide Sie bestimmt nicht. Aber sagen Sie mir jetzt bitte, wie ich an den für mich zuständigen Posten herankomme.

– Das weiß ich freilich auch nicht. Anrufen vielleicht, immer mal wieder versuchen.

– Wenn doch aber niemand rangeht.

– Dann wird er nicht besetzt sein.

- Этого я, разумеется, не знаю. Позвоните им еще раз ...
- А если никто не ответит?
- Значит, все заняты делом.
- И что же мне теперь делать?
- Ну, позвоните в ближайший участок, это находится ... минутку... Это в соседнем районе.
- Может быть, у Вас есть их номер телефона?
- Нет. К сожалению, нет. Но Вы найдете его в любой телефонной книге.
- О! Большое спасибо за гениальный совет!

Снова он листает страницы. Обладая уже некоторым навыком, он нашел нужный номер гораздо быстрее. И на другом конце провода ответили, но не так охотно делились информацией, как господин из полиции.

- С вами говорит автоответчик полицейского участка вашего населенного пункта. В участке временно никого нет. Пожалуйста, после короткого сигнала назовите свое имя, адрес и номер телефона, сообщите нам коротко свое дело. Пожалуйста, говорите.

Неожиданно он представился и выразил должным образом свой гнев. Когда он пригрозил пожаловаться, на другом конце провода «щелкнуло» - его время на разговор истекло.

Когда через двадцать минут дежурный полицейский ему позвонил, в трубке послышался монотонный голос, который повторял одно и то же:

- Позвоните, пожалуйста, в справочную ... Позвоните, пожалуйста, в справочную ...

Полицейский не смог разобраться, был ли голос настоящим, или кто имитировал его, и поэтому позвонил в службу экстренного вызова.

Перевод Р. Попова

– Und was macht man in so einem Fall?
– Rufen Sie doch mal das nächste Revier an. Das ist von Ihnen aus, Moment. Das ist in Ihrem Nachbarort.
– Haben Sie vielleicht die Rufnummer?
– Nein, tut mir leid, aber die finden Sie in jedem Fernsprechbuch.
– Oh, vielen Dank für diesen genialen Ratschlag!

Wieder blätterte er die Seiten. Diesmal fand er die Nummer leichter heraus. Er hatte schon einige Übung. Und auch das andere Ende meldete sich wesentlich schneller, war dagegen nicht so informationsfreudig wie der Herr von der Schutzpolizei.

– Hier ist der automatische Anrufbeantworter des Polizeireviers in ihrem Ort samt aller dazugehörenden Nachbargemeinden. Das Revier ist vorübergehend nicht besetzt. Bitte nennen Sie nach unserem Zeichen Ihren Namen, Anschrift und Rufnummer, damit wir Sie zurückrufen können. Teilen Sie uns dann in kurzen Zügen Ihr Anliegen mit. Bitte, sprechen Sie ... jetzt ...!

Wider Erwarten nannte er bereitwillig, aber scheinbar unbeteiligt alle notwendigen Daten und umriß auf höchst sachliche Weise seinen Zorn. Als dieser sich jedoch zu steigern drohte, machte es „klick“ am anderen Ende, seine Sprechzeit war abgelaufen.

Doch tatsächlich entschloß sich ein Beamter nur zwanzig Minuten später zurückzurufen. Prompt meldete sich eine monotone Stimme, die immer wieder verkündete: „Bitte, rufen Sie die Auskunft an! ... Bitte, rufen Sie die Auskunft an!“ Und es war dem Beamten unmöglich, festzustellen, ob die Stimme postecht oder imitiert war. Er unternahm deshalb sofort einen Notruf.

Лутц Тантов

ИСТОРИЯ ПРИМИРЕНИЯ

Кто еще сегодня верит в сказку о молодых людях, которые после многих лет блуждания по кругу очутились перед своей вожделенной целью - о том охраннике шлюза, который приютил молодых людей, о том, как они от него узнали про воинственный народ на том берегу, который только и ждет, чтобы кто-нибудь перешел через эту плотину, как после нескольких дней страха и любопытства один юноша в поиске приключений перешел через плотину, как он достиг того берега, где его друзья казнились оттого, что не сумели удержать его - ведь все равно каждый отвечает за себя самого, забывая об обязанностях дружбы, но как они все были удивлены, узнав, что и на той стороне желают мира, как долго они обсуждали призыв их товарища, который ушел на ту сторону, где влюбился в красавицу - дочь правителя и потом вместе с ней, как об этом писали в многочисленных и противоречивых газетных статьях - для себя, конечно, и для пользы своих друзей - попробовал прекратить совершенно ненужную вражду двух сторон на душевной основе (как говорили на одном берегу) или на основании нетрезвого расчета глупой молодости, которая может сильнее влиять, чем любой политик (как говорили на другом берегу), - как в конце концов свадьба решила всё и успокоила все разгоряченные головы и, трумфально шествуя, все направились на ту сторону, где были друзья нашего юноши и «был там пир и я там был ...»

Но кто же сегодня еще верит в чудеса?

Ведь сегодня, конечно, немало бунтарей и других непримиримых, которые могут разогнать любой веселый праздник, не желая примирения.

Перевод А. Машкары

Lutz Tantow

Eine scheinbar versöhnliche Geschichte

Wer glaubt denn heute noch das Märchen von der Kinderschar, die, nach jahrelangem Umherirren und im Kreise laufend, dem Ziel so nahe, an einer gesperrten Brücke halt machen mußte, vom Schleusenwärter, der sie in sein Haus aufnahm und bewirtete, erfuhr, daß die kriegerischen Völker am anderen Ufer nur auf unser Überqueren warteten, daß es, nach einigen Tagen bezähmter Neugierde, dennoch jemand versuchte, ungeduldig wie er war und ständig auf der Suche nach Abenteuern, die andere Seite des Flusses zu erkunden, wie er sie erreichte, sofort in Ketten gelegt und abgeführt wurde, daß die Beobachter und Freunde sich Vorwürfe machen mußten, Aufsichtspflicht oder – da jeder für sich selbst verantwortlich war – Kameradschaftsgeist hatten vermissen lassen und deshalb um so überraschter waren, als die Nachricht kam, eine friedliche Lösung werde von beiden Seiten gewünscht, daß Verhandlungen sofort stattfanden, angeregt durch den gefangenen Jungen, der sich im anderen Lager in eine schöne Führertochter verliebte, gemeinsam mit ihr, wie es später in zahlreichen widersprüchlichen Pressemitteilungen geschrieben stand, teils aus Eigennutz, teils dem Gemeinwohl zu Gute, den völlig unnötigen Streit beider Parteien auf rein intellektueller Basis (dies die eine Seite) oder aufgrund nüchternen Sachverstandes eines an sich naiven Kindes, der mehr zu bewirken imstande sei als jede politische Macht (dies die andere), zu schlichten versuchte, letztlich durch Heirat mit der Gewonnenen die zunächst erhitzten Gemüter endlich beruhigte, triumphierend über die Brücke zog, zurück in den Kreis seiner Lieben, und wie ein großes und buntes Fest anhob, das mehrere Wochen dauern sollte? Aber wer glaubt noch an Wunder? Sicher gibt es heute Hekkenschützen und Attentäter, die mit einem gezielten Plan der glücklichen Feier ein jähes Ende bereiten würden.

ЧЕРНОВ

– Чернов, – сказала медсестра звонко, на весь коридор.

Он сразу встал ей навстречу. Еще не старый, очень «интересный», но исхудалый, бледный. Вскочила и сидевшая радом с ним женщина. Оба выжидательно уставились на медсестру. Он казался спокойным. На лице жены ясно проступил отчаянный страх, но она переборола себя. И вот уже в ее глазах только ожидание.

– Чернов, – повторил звонкий голос, – идите к рентгенкабинету и ждите там. Врач освободится и скажет, когда Вас прооперируют.

И ушла. Белый халат с оборочкой. Золотые химические локоны, схваченные на затылке маленьким пластмассовым бантиком. Кривоватые ножки в вышитых тапочках. Хорошенькая и свободная.

А они уже не были свободными. Смертельная угроза нависла над ними. Видно было, что осознают опасность, оба обожжены предчувствием невыносимого горя.

Жена подняла с пола сумку с какими-то вещами так, словно была уже сейчас готова взять на себя все тяжелое, что прежде доставалось нести ему. Но он не уступил, перехвалит ношу и мягко отнял ее у женщины. Он даже улыбнулся и сказал что-то шутливое. Это было так просто, так трогательно, так ужасно.

И они пошли по длинному коридору онкологического диспансера, провожаемые тревожными, испуганными взглядами больных, ожидающих каждый своего приговора. За большими окнами дождем сыпались желтые

Tatjana Ogurzowa

Tschernow

„Tschernow!“ rief die Krankenschwester den Familiennamen mit heller Stimme laut über den ganzen Flur. Der Aufgerufene sprang sofort auf, ihr entgegen. Noch nicht alt, sehr „interessant“, jedoch abgemagert und blaß. Es sprang auch die neben ihm sitzende junge Frau auf. Beide starrten abwartend auf die Krankenschwester. Er schien gefaßt zu sein; im Gesicht seiner Frau sah man eine entsetzliche Angst, aber sie überwandt sich, und auch in ihren Augen zeigte sich Erwartung. „Tschernow“, sagte noch einmal die helle Stimme, „gehen Sie zum Röntgenkabinett und warten Sie dort! Der Arzt wird Ihnen sagen, wann Sie operiert werden.“ Dann ging sie weg.

Weißer Kittel mit Rüschen. Blonde dauergewellte Haare, die im Nakken von einer kleinen Plastikscheibe zusammengehalten wurden. Bißchen krumme Beine in gestickten Turnschuhen. Niedlich anzusehen und ungezwungen.

Die beiden waren aber nicht mehr ungezwungen. Eine tödliche Drohung ballte sich über ihnen zusammen. Man konnte bemerken, daß beide sich über die Gefahr im klaren waren und beide durch die Vorahnung eines unerträglichen Kummers gebrandmarkt waren.

Die Frau nahm vom Boden eine Tasche mit irgendwelchen Sachen auf; so, als ob sie jetzt schon bereit sei, alles das Schwere zu tragen, was früher seine Aufgabe gewesen war. Aber er ließ es nicht zu, sondern nahm ihr zärtlich die Tasche aus der Hand. Er lächelte sogar und sagte etwas Scherzhaftes. Es war so simpel, so rührend, so schrecklich.

Und dann gingen sie zusammen den langen Korridor der onkologischen Abteilung entlang, begleitet von den besorgten und aufgeschreckten Blicken anderer Kranker, die – ein jeder für sich – ihr Urteil erwarteten.

тополиные листья и, как божий дар, сияло холодное синее небо.

Только бы операция ему помогла.

Только бы он выздоровел ...

Hinter den großen Fenstern regnete es gelbe Pappelblätter, und der kalte blaue Himmel strahlte wie ein Gottesgeschenk.

Wenn ihm die Operation nur helfen würde! Wenn er nur wieder gesund würde! ...

КОЛЬЦО

Рано утром в полупустой вагон метро вошла молодая пара. Они пришли с цветущей майской улицы, солнечной, мокрой от недавней поливки. И весеннее утро радостью сияет на их светлых лицах.

Молодые люди так влюблены друг в друга, такие красивые оба, что любопытные утренние пассажиры заглядываются на них.

Жених и невеста? Но нет. У него на правой руке поблескивает кольцо. Муж и жена? Нет. Рука девушки свободна. Взгляды становятся неопределенными, двусмысленными, странными.

– На нас смотрят, – улыбаясь шепчет девушка.

Ее спутник делает страшные глаза и приказывает:

– Скорее возьми меня за руку, закрой мое кольцо.

– Нет, лучше ты спрячь мою руку, чтобы не было видно, что она без кольца.

Между руками завязывается нежная борьба, пальцы переплетаются, так что становится невозможно понять, действительно ли у них только одно кольцо, на чьей оно руке, и есть ли это кольцо вообще.

Влюбленные счастливы. Они еще не осознают, какая беда с ними приключилась. Они еще не понимают, что впереди у них только разлуки, такие долгие, такие жгучие, что сами встречи становятся болью.

– Скорее возьми меня за руку, закрой мое кольцо.

– Нет, лучше ты спрячь мою руку, чтобы не было видно, что она без кольца ...

Tatjana Ogurzowa

Der Ring

Früh am Morgen saß in dem halbleeren U-Bahn-Waggon ein junges Paar. Beide waren in einer blühenden Mai-Straße voller Sonne und noch naß vom Wasser-Sprengen zugestiegen. Und der Frühlingsmorgen leuchtete Freude in ihren hellen Gesichtern.

Die jungen Leute waren so verliebt ineinander, so hübsch, daß die zusteigenden morgentlichen Passagiere sie immerzu anschauen mußten. Wohl Verlobte? Aber nein. Ein Ring glänzt auf seiner rechten Hand. Dann wohl Mann und Frau? Nein. Ihre rechte Hand ist ohne Ring. Die Blicke der Fremden wurden unbestimmt, doppelsinnig, eigenartig.

„Man schaut auf uns“, flüstert das Mädchen. Ihr Begleiter macht erschrockene Augen und befiehlt ihr: „Halt mich schnell an der Hand, versteck’ meinen Ring!“ „Nein, versteck du besser meine Hand, damit man nicht sieht, daß ich keinen Ring habe!“

Die Hände kämpfen einen zärtlichen Kampf, die Finger verschränken sich ineinander, so daß es nicht möglich ist, zu erkennen, ob sie nun wirklich nur einen Ring haben und an wessen Hand, und ob es überhaupt einen Ring gibt.

Die Verliebten sind glücklich. Sie begreifen noch nicht, in welches Unheil sie geraten sind. Sie verstehen noch nicht, daß vor ihnen nur Trennungen liegen, so lange und bittere Trennungen, daß selbst die Begegnungen nur noch Schmerzen bringen.

„Nimm schnell meine Hand, decke meinen Ring zu!“

„Nein, versteck du lieber meine Hand, damit man nicht sieht, daß sie ohne Ring ist!“

***

Нам не уйти от разговора ...
Шагну, сутулясь, на порог
К той женщине, в глазах которой
Немым укором - «как ты мог?»

Как перепуталось все сложно
В моем разлаженном быту!
... И не ответить - невозможно.
И отвечать - невмоготу ...

David Lysenko

Wie konntest du nur?

Ich kann dem Gespräch nicht entgehen
und trete gebückt durch die Tür auf den Flur,
um der Frau in die Augen zu sehen,
die vorwurfsvoll sprechen: „Wie konntest du nur?“

Ach, so verworr’n ist alles geworden,
so kompliziert mein verkommenes Leben,
unmöglich ist’s, zu fassen in Worten,
und unerträglich, nun Antwort zu geben.

***

Что с тобой, милая, - это не осень,
просто с утра зарядил дождичёк.
Мы и похуже беду переносим.
Дай я утру эти слезы с щёк,
дай я тебя поцелую по-братски,
ведь на иной поцелуй нету сил.
Что ж зарядил этот дождик дурацкий, -
пламя любви моей он погасил.
Может, нам выпить вина?
  Хоть по виду
не добродило пока что оно ...
Милая, ты затаила обиду?
Дай я опять занавешу окно
и повторю тебе: «Милая, это
вовсе не осень -
  сентябрь - вот и все,
мы пережили холодное лето,
теплый сентябрь тоже перенесем».

Jurij Litwinow

Was ist mit dir?

Was ist mit Dir, Schätzchen? S' ist nicht der Herbst,
auch wenn es so früh heute regnet!
Es gibt doch Schlimm'res zu überstehen.
Komm, ich wische weg Dir die Tränen!
Komm, ich küsse Dich wie ein Bruder,
reicht doch zu mehr heut' die Stimmung nicht!
Dieser Regen, was hat er nur angestellt?
Hat die Flammen der Liebe verlöscht!
Sollten ein Gläschen Wein wir noch trinken?
Obwohl, dem Aussehen nach,
der Wein noch so jung ist ...?
Liebste, trägst du die Kränkung mir nach?
Komm, ich verhänge das Fenster
und sage noch einmal: Liebste,
s' ist nicht der Herbst –
            es ist noch September.
Wir haben den kühlen Sommer verbracht,
wir werden auch einen September ertragen!

***

Ни ума, ни сердца у стихии,
только дисциплина, чтобы Бог
с нею управляться как-то мог.
Бог - Он свят,
    да мы с тобой плохие.
За грехи такие и сякие
ливень нас застал посреди поля ...
Надо хоть одежды скинуть что ли, -
может, грех один-то смоют струи? -
Тот, что мы, любимая, вдвоем
столько лет невенчаны живем.

X X X

Das Schicksal hat nicht Herz noch Verstand,
nur d i e Disziplin hat es, daß Gott
es in seiner Weise beherrscht.
Gott – Er ist heilig,
doch Du und ich, wir sind schlecht. –
Für diese und jene Sünden wohl
hat uns der Wolkenbruch auf dem Felde erwischt ...
Vielleicht sollten wir nackt uns unter das Wasser stellen,
damit der Regen die Sünde abwäscht?
Nämlich, daß wir, Liebste, zusammen
solange schon ohne Trauschein leben?

О. И.

Хотя не плоть, но и не дух еще.
Еще возможно ощутить прохладу
печальных губ
          сквозь тонкий слой помады,
сквозь пудры слой -
          прохладу бледных щек.
Еще в глазах
          сквозь вечности туман
мигнет маяк смятения земного.
За ней готов коварный Казанова
охотиться
          и пылкий дон Жуан.
Но лишь щеки коснется их рука,
едва уста их уст ее коснутся,
они благоговейно отшатнутся,
прозрев - она не плоть ...
          хоть и не дух пока.

O. I.

Sie ist kein Fleisch, wenn auch noch kein Geist.
Es ist noch möglich, die Kühle
ihrer ernsthaft verschlossenen Lippen
          durch dünne Lippenstiftschicht zu erfühlen
und die Kühle der blassen Wangen unter der Schicht ihres Puders.
Noch blinkt in den Augen
          durch den Nebel der Ewigkeit
Verwirrung irdischen Feuers.
Arglistig ist Casanova bereit,
sie als Wild zu erjagen –
          und auch der feurige Don Juan ...
Doch sobald sie ihre Wangen berühren,
sobald ihre Lippen die ihrigen suchen,
ehrfürchtig weichen sie rasch zurück,
weil sie erkennen – sie ist kein Fleisch ...
wenn auch noch kein Geist.

Георг Освальд Котт

*****

Я при встрече с нечистым
сжимаю свои кулаки

я увидел рога
и лохматую шерсть
и копыта

и куда это черт
меня снова понес

я держу его шерсть
в кулаке
я касаюсь рогов

но не чувствую запаха серы
он мурлычет
и трется об ноги мои

и невольно себе задаю я вопрос

может он и не страшен
тот черт
как его нам малюют

Перевод Т. Олейниковой

*****

Ich treffe den Teufel
und balle die Faust

Ich sehe die Hörner
den Pferdefuß und
das zottige Fell

plötzlich mich
reitet der Teufel

ich geh auf ihn zu
berühre die Hörner
und kraule sein Fell

er stinkt nicht nach Schwefel
er schnurrt wie ein Kater
er kuschelt sich an

daß ich mich frage

womöglich
steht auch der Teufel
in falschem Verdacht

Георг Освальд Котт

****

О полет сороки
как взмывает она легко

я едва успеваю рассмотреть
красоту ее оперенья

а потом о сороке
разносят сплетни
что сорока-воровка она

Перевод Т. Олейниковой

****

Die Flugbahn der Elster
wie sie leichthin einschwebt

beinah übersah ich
die Schönheit der Federn

weil man der Elster
so manches nachsagt

Георг Освальд Котт

****

Почему клоун
скрывает лицо
под белилами

почему он
носится
по бесконечной арене

почему
глядя на него
мы хохочем сквозь слезы

Перевод Т. Олейниковой

****

Warum
stottert der Clown
schminkt sich weiß

warum
schlottert der Clown
läuft im Kreis

warum
lachen wir Tränen

МУХА, СИДЯЩАЯ НА ХМЕЛЕ

Посвящается Вольфгангу Ришеру

1

Что? Слабо пофантазировать?
Немножко напрягитесь!
И - представте этот ужас,
Этот бред, этот кошмар, -
Что - на *хмель* садится *муха*
Со своим поганым рыльцем,
Со своим жужжаньем мерзким -
Не стрекозка, не комар -
муха! - и на *хмель*! О, боже!
Что случится с нашим пивом?!
Все, проклятая, нарушила, -
Хоть муха, а не слон ...
Все изгадила, представте,
Горечь пива и традиции...
Лучше быть всю жизнь «под мухой»,
Но не нарушать закон!

2

Что поделать? Мы - поэты.
А поэты - это все же
(напрягаться здесь не нужно, -
это ясно все равно!)
Городские сумасшедшие
(с чем себя и поздравляю!) -
С ног на голову все ставят,
Чтобы все сошлось в одно.
Почему же не должны мы

Rudolf Guder

Die Hopfenfliege

für Wolfgang Rischer

I

Nehmen wir an
warum denn nicht
es gäbe sie
mit schillernden Flügeln
stahlblau schwebend
zwischen den schrägen
Stangen
die Hopfenfliege
schmeckte dann
das Gewohnte
das tägliche Bier
uns bitterer noch
im Erschrecken
um den unvermeidlichen
den Bruch
des Reinheitsgebotes

II

Täglich ersinnen
die Dichter und Denker
kühne Strukturen
enthaltend
Substrat ihrer
Synapsen
Kombination
und Rekombination

Узаконить эту *муху*?
И давайте же представим, -
Вам не трудно это? Но -
Вот на *хмель* садится *муха.*
хмель дарует *горечь* пиву,
Мы смакуем *горечь* эту
И балдеем от нее! ...
Так да здравствует же *горечь*
Нарушения традиций!
Новый *хмель* и это пиво
И *поэты* - заодно!

Перевод Т. Олейниковой

winziger Partikel
der Welt
warum nun
sollen nicht fließen
Hopfen und Fliege
zusammen zum
schillernden Bilde
zierlichen Rüssels
beim Stich in die
Blüte begehrter Bitterkeit
in den Hopfen

Рудольф Гудер

ТЕО-И-ЛОГИЯ

триптих о самых важных вопросах

Почему все так
Как есть, как было всегда? -
Вечно так будет?

Скажите, Наука и Храм,
Когда этот свет возник?
Господи правый!
Когда создавал наш мир, -
Долго ль ты думал?

Лучше ль другие миры,
Которые создал не ты?
Паулус, друг мой!
Не стучи по горшку ты. -
Это твоя голова.

Но не горшки мы с тобой,
Хоть вылепил нас Господь.

Перевод Т. Олейниковой

Theo und die Logie

Tripel über die wichtigsten Fragen

Warum ist die Welt
wie sie ist und immer war
und immer sein wird?

Wenn ihr Ursprung Licht war, wie
Priester & Physiker sagen?

Ach, du lieber Gott!
Der besten aller Welten
Schöpfer sollst du sein?

Wie wären erst die andern,
die du nicht erschaffen hast?

Ach, Paulus! Du bist
zu raffiniert, mein Lieber!
Fragst, ob der Topf fragt.

Aber wir sind keine Töpfe –
selbst wenn dein Gott ein Töpfer ist.

Рудольф Гудер

ПРИЧИНА И СЛЕДСТВИЕ

триптих о физике хаоса

Бабочка где-то
Крылышками помашет.
Ветра не чую.

А я? Как отзовется
Жест мой любой для других?
Пусть уверяют,
Что все влияет на все
На каждом шагу

Что же ты не спешишь
Весточку сердцу послать?
Есть цель дороги –
Верны ей будем вечно.
Не оступитесь.

В этом ведь вся причина –
К цели достойно идти.

Перевод Т. Олейниковой

Rudolf Guder

Ursache und Wirkung

Tripel über die Chaos-Physik

Der Schmetterlingsflug –
nicht nur fern in Alaska –
er wirkt auch auf mich?

Und ich? Wie weit wirkt meine
resignierte Geste?

Man versichert uns:
Alles wirkt auf alles
in jeder Distanz.

Hast du denn schon bedacht
deine Wirkung auf mein Herz?

Das Ziel des Weges
war sicher zuerst gedacht,
zog den Wanderer an.

So wird das Ziel Ursache,
und die Wege sind Folge.

Рудольф Гудер

ДОЛГ И ИСКУПЛЕНИЕ

триптих о козле отпущения

Бьем и бичуем, -
Гоним из храма прочь.
Им здесь не место.

Теперь искупление
Там же, где наша любовь.
Потом нам велят
Хлыст поменять на ласку -
В этом вся суть.

Сам, говорят, подойдет,
Заскачет под свист бича.
Гоним сначала,
Потом - О ужас! - забьем
И шкуру сдерем.

Стал он спасителем нам,
Наши грехи искупив.

Перевод Т. Олейниковой

Rudolf Guder

Schuld und Sühne

Tripel über den Sündenbock

Peitscht ihn hetzt ihn
hinaus – zum Tempel hinaus
unsern Sündenbock!

Trägt er doch unsere Schuld
in die Wüste, ihr Lieben!

Laßt ihn uns pflegen
nach dem Peitschen, dem Jagen,
Schmerzen ihm lindern.

Dann wird bei der nächsten Hatz
er wieder lustig springen!

Erst jagen wir ihn.
Dann – aus Versehen – schlachten
wir ihn – oh Jammer!

Wird drauf zum Retter für uns,
heilt uns von Sünde und Schuld.

Лутц Тантов

ПРЕДЧУВСТВИЕ СИСТЕМЫ ПРОБЛЕМАТИКИ

Я весь таков:
Не признаю дилемм.
Моя проблема в том, -
что нет проблем.

Моя система -
вне системы быть -
и без системы
мыслить и творить.

Предчувствие мое -
моя вина ли? -
что знаю я:
я ничего не знаю ...

Перевод Т. Олейниковой

Erahntes System einer Problematik

Das Problem
das ich habe
ist
daß ich keine
Probleme habe.

Das System
das ich brauche
müßte
unsystematisch sein.

Die Ahnung
die ich in mir verspüre
besteht darin
daß ich allmählich merke
keine Ahnung zu haben.

Лутц Тантов

МОЯ КНИГА

Страницы книги я листаю вновь,
По ней учу разлуку и любовь.
Но ценность книги этой - не в цене, -
Хотя недешево она досталась мне.

У книги этой есть одна глава -
Я перечитывал ее не раз, не два.
И знаю я, что этой книги свет
Со мною будет до скончанья лет.

Все новые страницы и слова
Я нахожу в той книге, и нова
Там буква каждая. И я боюсь лишь дня,
Когда все ясным станет для меня.

Тогда захлопну книгу я навек.
Закончен с нею мой по жизни бег. -
Поставлю я ее меж дорогих,
Прекрасных книг на полку - для других.

Перевод Т. Олейниковой

Mein Buch

Du bist das Buch, in dem ich lese;
Ich lerne jeden Tag aus Dir.
Du warst nicht billig, doch nicht nur deshalb
Sage ich: Teuer bist Du mir.

Es gibt Kapitel, die lese ich öfter,
Zweimal, dreimal und noch mehr.
Und habe ich Dich nicht zur Hand,
Bemerke ich: Du fehlst mir sehr.

Immer neue Seiten und immer neue Dinge
Kann ich in Dir erkennen.
Ich fürchte mich vor jenem Tag:
Willst Du sie mir nicht mehr nennen.

Dann klappe ich Dich einfach zu,
Und wer Dich liest, ist mir egal.
Ich nehme Dich und stelle Dich
Zu den anderen ins Regal.

***

Прости меня за то, что я люблю.
Конечна близость, но любовь - не тленна.
Подобно неземному кораблю -
она огнём струится по Вселенной.

И молодая дальняя звезда,
задумавшись, шепнет своей любови:
«Как странно. Я не знала никогда,
что Божий свет приносит столько боли».

И загрустит на бесконечный миг.
И поглядит, дивясь, на абрис чёткий,
на твой - уже Вселенной равный - лик,
любовью на бессмертье обречённый.

Я знаю: грозно жить судьбой огня.
Мне страшно за тебя. Прости меня.

Verzeih mir

Verzeih mir, daß ich dich liebe!
Ein Kuß verrauscht, nicht so die Liebe:
Wie ein Stern strahlt,
strahlt sie ihr Feuer über die Welt.

Und der ferne junge Stern,
träumend raunt er der Liebsten zu:
Seltsam, nie hätt' ich gedacht,
daß S e i n Licht so schmerzt!

Und traurig – einen Moment lang –
sieht er verdutzt dein Profil,
dein nunmehr unsterbliches Antlitz,
verdammt zum Leben durch meine Liebe.

Ich weiß: gefährlich ist's feurige Licht.
Angst hab' ich um dich! Verzeih mir!

***

И ельник фиолетовый по кругу.
И старый пес у молодой ноги.
И пыль веков – скользящая по крупу
кобылы под кружением руки.

Какая боль! Какая всё же радость
любить и быть – как жить и умирать.
Какая радость – возродить из радуг
предгрозовое слово: Благодать.

Да, благодать тебе – на жизнь зовущий.
Зовущий на погибель – благодать.
Кружатся фиолетовые кущи:
о чем они, к чему – не разгадать.

Не разгадать сочувствие и счастье –
как не увидеть рай сквозь облака.
Летит кобыла – и земля на части.
Их кружит Всемогущая рука.

Föhren fliegen

Föhren fliegen vorbei wie im flug.
Rundet der fichtenwald in der ferne.
Hechelt ein alter hund hinterher. Klopfe die stute,
gleitet vom kreuz. Stiebt der staub von äonen.

Welch ein schmerz. Welche freude
zu lieben, zu sein wie leben wie sterben.
Welche freude, aus einem regenbogen die vorgewittersilbe
zu finden. Ein wort – welche wonne.

Dank dir der du das leben schenkst
und den tod! Es jagen vorbei
die lila föhren der ferne.
Was sie denken, wofür – nicht zu erraten.

Nicht zu verstehen mitleid und glück.
Eden bleibt vom nebel verborgen.
Die stute, sie fliegt, die erde zersplittert,
dreht sie doch eine mächtige hand.

Петер Янссен

ПОСЛАНИЕ

я окно открываю
и ночь
в комнату входит
вместе с прохладой
принося послания
все что день
утаил от нас

Перевод Т. Олейникова

Peter Janßen

Botschaften

ich öffne das Fenster
die Nacht
kommt kühl ins Zimmer
Botschaften bringend
die der Tag
verschweigt

Петер Янссен

В ИЗМЕНЧИВОМ СВЕТЕ

тень облаков
тянется мимо

Земля в изменчивом свете:
это живое тело

прижмись ухом
к дышащей почве

и ты услышишь
биение сердца планеты

Перевод Т. Олейниковой

Peter Janßen

Im wechselnden Licht

Wolkenschatten
ziehen vorüber

das Land im wechselnden Licht:
ein atmender Leib

presse dein Ohr
an den Boden

vielleicht hörst du
den Herzschlag der Erde

Петер Янссен

ЧИТАЯ КАФКУ

над мыслию его склоняюсь
как над темной водой

в тени его черных мыслей
вижу себя как в зеркале

Перевод Т. Олейниковой

Peter Janßen

Kafka lesend

über seine Botschaften gebeugt
wie über dunkle Wasser

im Schatten seiner schwarzen Flügel
sehe ich mein Spiegelbild

ГОЛОСОМ СЕРДЦА

MIT DER STIMME DES HERZENS

Юрий Литвинов

УПРАЖНЕНИЯ С МОРКОВКОЙ

(сказка)

Такая аккуратная птичка трясогузка, такая обтекаемая, будто ее ветер облизал и волна морская обточила. Морской камешек, а не птичка. Летучий морской камешек.

Прилетела вот в мой сад, села и давай по дорожке расхаживать, да хвостиком постукивать.

Тук-тук, - стучит, - тук-тук, - стучит, - так-так-да-нетак ...

- Что не так? - спрашиваю.
- Все не так, - отвечает. - Зайцу ты морковку дал?
- Дал.
- А он ее есть не стал.
- Правда ли?
- Так-так-так!
- Эй, заяц, - кричу, вроде осерчал, - ты куда же мой подарок подевал?!

Прибежал, запыхавшись, ушами развел виновато:

- Деткам малым отнес, - говорит, - им нужней витамины-то, им расти надо, сил набираться. Вот как вырастут большие-пребольшие ...

И расплылся в радостной улыбке, глазки заблестели так, что похожи стали на двух солнечных зайчат.

Я от блеска их ладонью заслонился и спросил:

- А понравился зайчатам мой подарок?
- Очень! - говорит, и пуще прежнего сияет.
- Так-так, да-не-так, - стучит хвостом всезнайка трясогузка.
- Ну-ка, ну-ка, - побадриваю я ее, - что там еще не так?
- Зайчата-то морковку и не надкусили, - стучит она. - Под салфетку положили.

Jurij Litwinow

Die Mohrrüben-Saga

(Ein Märchen)

Ein akkurates Vögelchen ist die Bachstelze, stromlinienförmig, als ob der Wind sie geformt und die Meereswogen sie abgeschliffen hätte, ein Steinchen aus dem Meer und kein Vogel, ein fliegendes Meeressteinchen.

Sie kam in meinen Garten geflogen, setzte sich nieder und fing an, den Weg auf und nieder zu gehen und mit dem Schwanz zu wippen.

Wipp-wipp – machte sie, – wipp-wipp – so-so und doch nicht -so ...

„Was ist nicht so?“ fragte ich.

„Alles ist nicht so“ antwortete sie. „Hast du dem Hasen eine Möhre gegeben?“

„Habe ich“. „Er hat sie aber nicht gefressen.“ „Ist das wahr?“ „So ist es“. „He, Hase“, rief ich so, als ob ich böse wäre, „wo hast du denn mein Geschenk hingetan?“

Schuldbewußt kam Meister Lampe gelaufen, keuchend und mit den Ohren wackelnd:

„Den Kinderchen hab ich's gegeben“, sagte er, „die brauchen die Vitamine mehr als ich, sie müssen doch wachsen, Kräfte sammeln, dann werden sie groß und stark.“ Er lachte freundlich, und seine Augen strahlten wie eine kleine Sonne. Ich schützte mich mit der Hand gegen die Sonnenstrahlen und fragte:

„Hat denn den Hasenkindern mein Geschenk gefallen?“ „Sehr“, erwiderte der Hase und strahlte noch mehr. „So-so, und doch-nicht-so“, wippte die allwissende Bachstelze mit dem Schwanz.

„Also los“, half ich ihr auf die Sprünge, „was ist da ‘doch-nicht-so’“? „Die Hasenkinder haben die Mohrrübe gar nicht geknabbert“, wippte sie aufgeregt, „sie haben die Mohrrübe unversehrt unter die Serviette gelegt.

- Эй, зайчата! - кричу, а самого смех разбирает, но держу фасон хозяйский - брови хмурю.
- Эй, сынки! - зовет их и папаша-заяц.

Прибежали оба. Наперегонки летели. Смяли куст ромашек. За такое ротозейство победитель получит от папы подзатыльник, но успел прикрыться лапкой - вышло и не звонко, и не больно.

- Почему морковку не едите?! - хмурю брови так, что даже больно. А зайчата трусить и не думают, зубки свои травоядные невинные скалят да пищат наперебой:
- А мы ее бережем ...
- А мы ее под салфетку ...
- По мокренькую ...
- Чтобы не завяла!
- Мамочка с работы придет ...
- И покушает ...
- Сладенькую!
- Ах вы, милые мои, - подпрыгнул их папа и давай целовать за ушками то одного, то другого. - Ах вы мои ласковые (чмок-чмок), мамочку жалеют (чмок-чмок), любят (чмок), как зайчики (чмок-чмок).

В этот миг и мама подоспела. Под салфетку, видно, заглянула, вот и прискакала мужа похвалить.

- Кормилец наш, - забормотала ласково, шевеля порозовевшими от радости ушами. - Бесценный наш и драгоценный ...
- А детки-то наши! - пускается тот рассказывать про их сыновнюю любовь.
- Мамочка! Мамочка вернулась! - пищат соскучившиеся зайчата и притопывают лапками от счастья.

Нацеловавшись и нарадовавшись вволю, убегают всем семейством в свой зайчатник, мелькая меж кустов смородины белыми помпонами хвостов.

„He, Hasenkinder!" rief ich, belustigt, aber ich zeigte es nicht, sondern zog die Brauen zusammen. „He, meine Söhne!" rief auch der Vater. Beide kamen um die Wette gelaufen und drückten dabei einen Margeritenstrauch nieder. (Der Rennsieger bekam für diese Fahrlässigkeit vom Vater eine Kopfnuß, doch hielt er rechtzeitig das Pfötchen dazwischen, weshalb es ihm nicht schmerzte.) „Wieso habt ihr die Mohrrübe nicht gefressen?" Ich zog die Augenbrauen so streng zusammen, daß es wehtat. Aber die Hasenkinder dachten gar nicht daran, Angst zu haben, sondern zeigten ihre unschuldigen Grasfresserzähnchen und piepsten um die Wette: „Wir haben sie aufgehoben"... „Unter der Serviette" ... „Der nassen Serviette"... „Damit die Mohrrübe nicht welk wird"... „Wenn Mama von der Arbeit kommt" ... „Hat sie was zu fressen"..."Sie wird süß schmecken ..." „Ach, ihr lieben Kinderchen," sprang da der Papa hoch und fing an, die beiden hinter den Ohren zu küssen. „Ach, ihr Lieben, (Küßchen – Küßchen) kümmert euch um Mama (Küßchen – Küßchen) und seid so lieb"! (Küßchen – Küßchen) Da kam auch die Mama angehoppelt. Sie hatte die Mohrrübe unter der Serviette bereits gefunden und kam, ihren Mann zu loben. „Unser lieber Ernährer", murmelte sie zärtlich und wackelte mit den vor Freude rosigen Ohren, unser Teurer, Unschätzbarer ..." Hör dir lieber etwas von unseren Kinderchen an", unterbrach sie der Vater und erzählte ihr von der Liebe der Söhne. „Mutti! Mutti ist wieder da!" piepsten die Häschen und trampelten vor Glück. Nachdem sie sich genügend gefreut und einander abgeküßt hatten, lief die Hasenfamilie zurück zu ihrem Hasenbau, und man sah zwischen den Johannisbeersträuchern nur noch ihre davoneilenden Schwänzchen blitzen.

„Nun ja", wandte ich mich der Bachstelze zu, „was hast du denn jetzt noch einzuwenden mit 'So – oder nicht- so'"? Sie tat, als ob sie mir nicht zuhörte, guckte unter ein Wegerichblatt und fand dort etwas zum Aufpicken.

– Ну, – говорю трясогузке, – что теперь стучать станешь? «Так» или «не-так»?

Она делает вид, будто не слышит, заглянула под листок подорожника, нашла там что-то и склевала.

– Видишь, – продолжаю я погромче, – как много радости может доставить одна морковка, если ее помножить на заботу о близком ...

– Это мораль! – догадывается трясогузка.

– Да, – соглашаюсь, – мораль. А какая же сказка без морали?

– Так-так, – соглашается и трясогузка, – это так ...

– А что опять не так? – настораживаюсь я.

– К хорошей-то морали да счастливый бы конец, – косится хитрым глазом трясогузка.

– Ах, да! – спохватываюсь я. – Лети скорей в зайчатник и сообщи зайчатам, что под смородиновый куст я положил еще три ... нет, четыре сладкие морковки. Я думаю, им хватит на сегодня?

– Так! Так! – смеется трясогузка. Четыре раза «так».

И улетает с доброй вестью к зайцам.

„Siehst du wohl“, sprach ich lauter, „wieviel Freude eine Mohrrübe bringen kann, wenn man sie mit der Fürsorge um seine Lieben multipliziert ...!“

„Das ist wohl die Moral!“ bemerkte die Bachstelze.

„Ja,“ pflichtete ich ihr bei, „die Moral. Was wäre ein Märchen ohne Moral?“

„So-so“ wippte die Bachstelze, „so ist es.“ „Und was ist doch ‘nicht-so’“?

„Tja, zur guten Moral gehört auch noch das glückliche Ende“. Die Bachstelze blickte mich mit einem listigen Auge an: „Nun gut“, besinne ich mich, „fliege rasch zum Hasenbau und sag den Hasen, daß unter dem Johannisbeerstrauch noch drei... nein, vier weitere süße Möhren liegen. Das wird doch wohl für heute reichen?“

„So-so“, wippte die Bachstelze lustig. –Viermal „so-so“. und flog mit der guten Nachricht zu den Hasen.

***

Мама все чаще не спит по ночам,
Хоть бы на час задремала.
Мама боится наскучить врачам -
Не бережет себя мама.

Мама устало идет за водой,
Мама колдует у печки,
Мама расскажет про всех вразнобой,
А о себе - ни словечка.

Мама научит прощать -
Сколько она их прощала?!
Только не может письмо написать,
Если б могла - написала.

Мама охотно встречает гостей,
Выложит все им до крохи.
Мама от сына ждет добрых вестей,
В сердце хоронит тревоги.

В маминoм доме и в холод тепло,
Нежность хранят ее руки.
Мама при встрече заплачет светло
И промолчит при разлуке ...

Wladimir Moltschanow

Mutter

Mutter wacht so oft in der Nacht.
Ich wünschte so sehr, daß sie schlafen könnte.
Mutter hat Angst, die Ärzte zu langweil'n,
und sie schont sich nicht, meine Mutter.

Mutter läuft müde, um Wasser zu holen,
Mutter zaubert am heimischen Herd.
Mutter kann über alles und jeden erzählen,
nur über sich selber – kein einziges Wort.

Mutter lehrte uns, zu verzeihen die Kränkung.
Ach, wieviel hat sie selbst wohl verziehen?
Aber Briefe schreiben, das kann sie nicht.
Würde sie's können, sie hätt' mir geschrieben.

Mutter empfängt alle Gäste gerne,
bietet auch ihren letzten Krümel noch an.
Mutter wartet, zu hören vom Sohn,
und ihre Sorgen verbirgt sie im Herzen.

Warm ist's bei Mutter, wenn's draußen schneit,
ihre Hände bewahren die Trautheit.
Mutter wird weinen vor Freude beim Kommen,
und sie wird taktvoll schweigen beim Gehn.

***

Не подумай, что проста
Крон высоких позолота.
Философия листа –
Жить мгновением полета.

Не подумай, погодя,
Что на небе тучи наспех.
Философия дождя –
Жить всегда на случай засух.

И не прячься от беды,
Но в судьбу свою поверь ты.
Философия звезды –
Свет оставить после смерти.

И душою не криви –
Ложь возмездием накажет.
Философия любви –
Это то, что сердце скажет ...

Denke nicht

Denke nicht, daß einfach s o –
golden scheinen die hohen Wipfel!
Die Philosophie des Blattes –
noch während des Fluges zu leben.

Denke nicht, daß im Himmel
die Wolken schnell davonziehen!
Die Philosophie des Regens,
weiterzuleben, wenn es mal eine Dürre gibt.

Versteck dich nicht vor Kummer,
sondern glaub an deine Bestimmung!
Die Philosophie des Sternes,
sein Licht zu bewahren, auch nach dem Tod.

Ach, deine Seele möge nicht heucheln!
Die Lüge wird übel vergolten!
Die Philosophie der Liebe –
das ist's, was das Herz erwidert.

***

Есть предрассветные часы,
Когда природа чутко дремлет,
И с листьев капельки росы
Скользят и падают на землю.

Есть предвечерняя пора,
Когда смолкает пенье птичье,
Потом до самого утра
Царят молчанье и величье.

Но есть такой короткий миг,
Когда в зените солнце тает,
И бесконечность нив родных
За горизонт отодвигает ...

Es gibt die Stunden

Es gibt die Stunden noch vor dem Morgen,
wenn hellhöriger ruhen die Sinne in allen.
Und von den Blättern die Tropfen und Sorgen
Langsam gleitend zu Boden fallen.

Es gibt die Stunden noch vor dem Abend,
wenn Vögel im Dunkeln aufhör'n zu singen,
die nächtliche Stille, uns alle labend,
schont und bewahrt uns unter den Schwingen.

Das ist, wenn daheim in kurzen Minuten
die Sonne sich in den Himmel verliebt
und das Unvergängliche in ihren Gluten,
das Diesseits hinüber ins Ewige schiebt.

КУКЛА ВАЛЯ

У куклы Вали были круглые голубые глаза, розовые щеки и желтые волосы. На ней было пышное платье из желтого капрона, отделанное розовой ленточкой. И была она дорогая. И была она не моя. Она сидела в магазине на высокой полке. А я стояла, смотрела на нее и спросила маму:

– Мама, купи!

И дергала за руку папу:

– Папа, папа, купи!

Мне так нравилась кукла Валя, что я просто с ума сходила. Мне ее не хотели покупать, говорили, что нет денег. И я раскричалась, расплакалась. Мама вспылила и ушла. А папа не выдержал. И вот кукла уже у меня в руках. Вблизи она оказалась еще красивее.

Дома я посадила Валю на самое почетное место в своем уголке. Но придумать для нее какую-нибудь игру у меня уже не было сил. Слишком дорого она мне досталась.

На следущий день к нам пришли гости. И с ними была большая девочка. Она сразу же схатила мою Валю. Расчесывала и заплетала ее золотые волосы, раздевала и одевала ее. И говорила: «Мы сейчас пойдем на пляж». Мне было скучно слушать это. Что значил какой-то пляж перед валиной красотой, перед тем, как я добивалась этой куклы.

Когда гости ушли, выяснилось, что Валя уже не та. Её желтые волосы спутались, свалялись, потускнели от расчесывания. Её капроновое платье измялось, ленточки на нем растрепались. Это огорчило меня, но не очень. Я уже знала, что не смогу любить куклу Валю, что ей не будет у меня

Tatjana Ogurzowa

Die Puppe Valja

Die Puppe Valja hatte runde blaue Augen, rosa Wangen und blonde Haare. Sie trug ein prunkvolles Kleid aus gelber Seide, bepaspelt mit rosa Bändchen. Und sie war teuer – und ich – besaß sie nicht. Sie stand im Geschäft auf einem Regal hoch oben. Und ich stand unten und guckte sie an und bat Mutti: „Mama, kauf sie mir!" Und ich zog den Vater an der Hand: „Papa, Papa, kauf sie mir!"

Die Puppe Valja hatte mir ja so gefallen, ich war ganz verrückt nach ihr. Die Eltern wollten sie mir nicht kaufen und sagten, daß sie kein Geld hätten.Und ich schrie und weinte. Mutti war empört und ging weg. Aber Vater hielt es nicht durch.

Nun lag die Puppe in meinen Händen. In der Nähe sah sie noch viel schöner aus.

Zu Hause stellte ich Valja auf den Ehrenplatz in meiner Ecke. Aber mir jetzt noch etwas auszudenken, um mit ihr zu spielen, dazu hatte ich keine Kraft mehr. Teuer genug war es, sie zu bekommen.

Am nächsten Tag kamen zu uns Gäste mit einem größeren Mädchen. Sie nahm sofort meine Valja in die Hand, kämmte und flocht ihre goldenen Haare und zog sie aus und an. Und sie sagte dabei: „W i r gehen gleich zum Strand." Es war für mich belanglos, das zu hören. Was bedeutete irgendein Strand im Vergleich zur Schönheit Valjas und im Vergleich zu der Mühe, mit der ich sie errungen hatte?

Als die Gäste weggegangen waren, stellte sich für mich heraus, daß Valja nicht mehr dieselbe war.

Ihre goldenen Haare waren zerzaust und nachgedunkelt vom Kämmen. Ihr Kleid war zerknittert, die Bändchen waren aufgelöst. Das machte mich traurig, aber nicht zu sehr.

Ich wußte plötzlich, daß ich die Puppe Valja niemals werde lieben können, daß sie bei mir kein Glück haben werde. Deswegen nämlich, weil sie mich immer daran erinnerte, wie meine Mutter ganz außer sich aus dem Geschäft gelaufen war, wie Vater verlegen lächelnd aus счастья. Потому, что, глядя на нее, я вспоминала, как мама вспыхнула и ушла из магазина, как папа, смущенно хмурясь, доставал из кармана деньги, как я, со слабостью в ногах от чувства вины, взяла этот шуршащий желто-розовый комок из рук продавщицы.

Кукла Валя еще долго жила у нас. Она пережила моего любимого пластмассового тигренка и разноногого плюшевого медведя. Но я почти никогда не играла с ней. И мне кажется, что она тоже не любила меня.

seiner Tasche das Geld geholt hatte und wie ich mit schwachen Beinen vor lauter Schuldgefühl dieses raschelnde gelb-rosa Schmuckstück aus den Händen der Verkäuferin entgegennahm.
Die Puppe Valja lebte lange bei uns. Sie überlebte meinen Liebling, ein Tigerbaby aus Kunststoff, und auch den Samtteddy mit den verschieden langen Beinchen. Aber ich spielte fast nie mit ihr. Und es scheint mir, daß sie mich auch nie geliebt hat.

Андреас Хартманн

МОМЕНТАЛЬНЫЙ СНИМОК

Мы шли по промерзшему снегу,
который скрипел под ногами.
Морозное дыхание снега
заставило нас молчать.

Иногда мы останавливались,
и ее глаза смеялись,
когда она прижималась ко мне.

Я зарывался лицом в ее снежные волосы,
но я уже думал,
что мои шаги всегда длиннее, чем ее.

Перевод А. Машкары

Andreas Hartmann

Momentaufnahme

Wir gingen auf gefrorenem Schnee,
der unter unseren Sohlen knirschte.
Ein schneidend klarer Lufthauch ließ uns schweigen.

Manchmal blieben wir stehn,
und ihre Augen lachten,
wenn sie sich an mich lehnte.

Meine Nase spielte in ihrem kalten Haar,
und ich dachte daran,
daß ich immer größere Schritte machte als sie.

Андреас Хартман

В ПАРКЕ

«Лови меня, лови меня!» -
кричит маленькое дитя -
снова и снова бежит вперед,
останавливается,
и снова бежит вперед.

А взрослые
в своей толпе
не то что не ловят,
но даже не смотрят
и остаются далеко позади,
не поддерживая детские игры.

И тогда ребенок возвращается
и плетется следом,
глядя на мир безучастно
пустыми глазами.

Перевод А. Машкары

Andreas Hartmann

Im Park

„Fang mich, fang mich!“
ruft das kleine Kind –
immer wieder,
läuft voraus,
steht und läuft voraus,
immer, immer wieder.

Doch die Großen
dicht dahinter
sind so blicklos,
sind nicht Fänger,
gehen so dahin,
immer weiter so dahin.

Nun geht das Kind still hinterher,
und seine Augen sind ganz leer.

Петер Янссен

ПЬЯЦЦА

Пьяцца
обезлюдевшая
в полуденную жару
тишина
и мерцающий свет

позже
медленное возвращение
к жизни
до глубокой ночи
шум голоса и смех

Перевод Т. Олейниковой

Peter Janßen

Piazza

Die Piazza
menschenleer
in der Mittagshitze
Stille
und gleißendes Licht

später
zögernd
die Rückkehr des Lebens
Geräusche Stimmen Lachen
bis in die Nacht

Георг Освальд Котт

***

Задыхался
от слов чужих
Что учил наизусть

но это прошло
как только
рука к перу потянулась

Перевод Т. Олейниковой

****

Auswendig gelernt
wuchs den Wörtern
ein Schweißrand

er verlor sich
sobald ich
zu fabeln begann

Георг Освальд Котт

***

С тобой
сидеть у воды
камешек кинуть
следить за кругами
камешку-то сразу кануть
но долго по водной глади
профилю твоему не гаснуть

Перевод В. Нешумова

*****

Mit dir
am Wasser sitzen
Kiesel werfen
und den Ringen zuschaun
wie sie größer werden
und im Größerwerden
ihr Profil verlieren

Георг Освальд Котт

***

Одному
очень трудно
держать равновесие

а еще труднее
если другой
у тебя на плечах

и в это время
нужно протянуть руку
чтобы поддержать третьего

Перевод Т. Олейниковой

****

Das Gleichgewicht halten
ist ohnehin schwer
für einen allein

wie aber kommt es
daß einer den Nächsten
huckepack nimmt

und noch die Hand reicht
einen Dritten zu stützen

Хильдгунд Эдельхофф

Литературный проект для иконографического, философского и исторического исследования

ГИМН АВТОСТРАДЕ

Автострада как образ жизни

Автострада, автострада!
ты - одна моя отрада!
Ты одна - мой царь и бог -
О, не будь, читатель, строг ...
Я - престранная особа,
Вы за мной следите в оба.
Я крылата словно птица.
Кто со мной теперь сравнится?
Авто - конь крылатый мой,
Он летит вперед стрелой.
Я с рождения такая,
Я навечно молодая.
Пусть меня хоть все бранят,
В хулиганстве обвинят,
Говорю сама себе:
«Будь, как Бог велел тебе,
Будь такой же дерзкой, бойкой
За рулем, как и за стойкой».
Забавляюсь я отныне -
И колдую на латыни,
Enus, benus, rjabus,
Cintus, vintus – shabus»

Hildgund Edelhoff

„Autobahn“ – Literaturprojekt zur Ikonographie, Philosophie und Geschichte eines Bauwerks

Eine Hymne

Autobahn, die eigene Stimme

Autobahn hier, Autobahn dort,
ich denke an Autobahn fort und fort.
Natürlich denke ich an Braunschweig und Davos,
die Fahrt über Straßen und Pässe
und unterwegs das Gleiten, ganz grandios
auf dreispuriger Piste
gehört zu mir, als wenn es immer so sein müßte.
Ich bin ein unerhört fahriger Typ,
dem Autobahn und Auto sogar der Arzt verschrieb.
So sind der Streß, das Tempo, die Hast,
die mich befrein von Müh' und Last.
Wenn andere Leute schimpfen und stöhnen
und richtig einmal dieses Rasen verhöhnen,
erst dann erlebe ich in meinem Innern
die Stimme, die sagt: „Du brauchst nichts zu verhindern,
Du darfst ruhig Deinen Fahrstil benutzen
bis zu den Alpen und Abruzzen.
Bleib so wie Du bist, munter und frech,
bedien Dich mit Sprit, Himbeergeist und Sekt,
und laß Dich nicht zu Dingen verleiten,
die nicht Kulanz und Noblesse bereiten:
Als „Edelhöffin“ hast Du Pflichten,
denn Du mußt alles Erlebte ehrlich berichten.
Falsimonia, Homerus, parricidatus,
quo modo, sextus, Quintilianus.

Годы? - Кто сказал про это?
Я - загадка, я - комета.
Это стиль мой - автоскорость,
Знаки - это звезды, космос.
Что? Безумна я средь вас?
Только было так не раз, -
Среди умных, благонравных
Вечно слева я от правых.
Скорость - это мой девиз,
Для нее не надо виз
В ту страну, где скуки нет,
Я стремлюсь уж сколько лет!
Я крылатой стать хотела -
Птицей я туда влетела.

Перевод Т. Олейниковой

Auch wenn Unverständnis sich zeigt,
die Autobahn dem Zeichenkosmos gleicht.
Sie ist und bleibt ein Dokument,
das weder Gehirn noch Füße trennt.
Beton, Philosophie und Natur
geben ihr die soziokulturelle Struktur.
Sie wird, das ist hier keine Frage,
sich schlängeln, winden, krümmen bis in letzte Tage.
Sie schafft das Jahr 2000 im Handumdrehen
und läßt Spießer und Langweiler getrost stehen.
Ach, Autobahn, Autobahn, wie liebe ich Dich,
Du mein Traum, mein Anfang und Ende für mich!!!"

Биргит Рюэ

ПИСАТЬ

это войти туда
где слово живо
там небо ноября
под снежным покрывалом
там на столе токайское вино
там чай турецкий
там слова взлетают
и полыхают ярко
и плавают кругами
над свечами
они живут
своей отдельной жизнью
там вижу я
поэзии рожденье

Перевод Т. Олейниковой

Birgit Rühe

Schreiben

bin nun an-
gekommen dort wo
die Worte wohnen
unter dünner Schneedecke
Novemberhimmel
türkischer Tee auf
dem Tisch Tokajer
die Worte fliegen
hitzig über Kerzen
her und hin rundum
jene die auch
von den Worten
leben

Биргит Рюэ

ПОМОГИ НАМ, ГЕТЕ!

Как долог твой плач
над Вертером бедным
над ореховым деревцем
что срубили у дома священника

посади с нами
новый орешник
у родника

а засохнет ну что же
мы посадим плакучие ивы

Перевод Т. Олейниковой

Birgit Rühe

Hilf uns Goethe

Lang schon
weinst du im Werther
um die abgehauenen
Nußbäume beim Pfarrhaus

Pflanz mit uns
neue am Bach

Wenn sie nicht wachsen
wählen wir Trauerweiden

***

С дороги близкой
    и с дороги дальней
Встречай меня веселым и печальным.
Встречай меня усталым
        или бодрым,
Отчаянно приниженным
            и гордым,
Больным,
    здоровым,
        нервным
            и спокойным,
Знакомым
    или в чем-то незнакомым.
Встречай меня
        как радость,
            как печаль,
И только нелюбимым
            не встречай.

Empfang mich

Ob ich nun einen kurzen
    oder weiten Weg gegangen,
Empfang mich,
    ob ich froh oder traurig.
Empfang mich,
    ob ich müde – hellwach,
ob niedergedrückt und verzweifelt,
    ob stolz,
kränkelnd,
gesund,
    nervös
        oder ruhig,
ob wohlbekannt
oder auch nicht.
Empfang mich
    als eine Freude
        oder als Kummer,
doch bitte empfang mich
nicht ungeliebt!

***

Бьют часы. Тихо печка горит.
Домик пуст. Побеседовать не с кем.
Буду с печкою я говорить,
С тишиной и полуднем воскресным.

Я заслонку печи отворю
И подвину дрова кочергою.
- Подожди, я еще не горю, -
Говорит мне полено сырое.

И смотрю, и смотрю, и смотрю,
Как огонь оживает и дышит,
И шепчу я кому-то чуть слышно:
- Подожди, я еще не горю.

Sergej Leontjew

Leise brennt der Ofen

Uhren schlagen, der Ofen brennt leise,
Keiner im Hause, um mit mir zu reden.
Mit dem Ofen will ich drum reden,
Brechen die Stille am Sonntagmittag.

Werde die Klappe des Ofens öffnen,
Mit dem Haken die Scheite schüren.
„Warte noch, ich brenne noch nicht!“,
Spricht ein Holzscheit leise zu mir.

Und ich schaue, schaue und schaue,
Seh’, die Lohe atmet und wächst,
Und ich flüstre, selber kaum hörbar:
„Warte noch, ich brenne noch nicht!“

***

Два огромных простора лежат за окном –
Жизнь и смерть ... О, какие в России просторы!
Мчусь я в первом просторе со скоростью взора
И пока что границ не находится в нем.
Но однажды – найду и такие пределы.
Что же делать, когда ничего не поделать?
Полыхнет огневище, раскатится гром,
И откроются двери в просторе втором.
Свет оконный играет чертами лица.
Вот он, первый ... А там и второй – без конца.

Zwei Weiten

Zwei riesige Weiten hinter dem Fenster –
Leben und Tod ... Oh, was für Weiten gibt es in Rußland!
Im ersten jag' ich dahin mit dem Lidschlag des Blickes,
und vorerst gibt es darin keine Grenzen.
Doch irgendwann – werd' ich die Grenze erreichen.
Was dann zu tun, wenn gar nichts mehr geht?
Das Feuer flammt auf, der Donner erschallt,
und die Pforten geh'n auf in die n e u e Weite.
Im Antlitz spiegelt das Licht sich des Fensters:
Da erscheint es, das erste Licht!
Und – da schon – endlos – das z w e i t e !

***

Все-таки что-то от нас остается:
Кем-то прошепчется, кем-то споется,
Кем-то запомнится слово, строка ... -
Значит, зачтется нам, наверняка.

Значит, не зря нас метало и било.
Сладко - не знаю. Но солоно - было.
Било под дых, а потом поднимало
Время, которого недоставало.

В хор для солистов? - Не те голоса ...
Нам до бессмертья - еще полчаса.
Кем-то услышится, кем-то прочтется ...
Значит, зачтется нам. Значит, зачтется!

Tanja Olejnikowa

Bis zur Unsterblichkeit fehlt eine Stunde

Irgendetwas wird bleiben.
Irgendjemand wird's flüstern, wird's singen.
Irgendwer wird es sich merken,
ein Wort – eine Zeile.
Das bedeutet: Sinn hat's gehabt,
es hat uns umsonst nicht erschüttert.

Ob's leicht fiel? Nein es war bitter,
Tiefschläge wurden versetzt,
doch das Handtuch warfen wir nicht.
Niemals reichte die Zeit,
und im Chor gingen die Stimmen unter
der Künstler und der Solisten.
Bis zur Unsterblichkeit fehlt'
eine Stunde!

Jemand hört uns, jemand liest uns:
Das bedeutet: Sinn hat's gehabt,
es hat uns umsonst nicht erschüttert.

ГИТАРА

Я не играю,
Я не играю,
Я только струны перебираю ...

Громко и тихо,
Звонко и тонко, –
Трогаю только.

Я не играю,
Я не играю,
Я только память перебираю.

Горько да больно,
Тонко да ломко –
Думаю только ...

Я не играю,
Я не играю,
Я только думы перебираю.

Годы и встречи,
Встречи и муки ...
На горле гитары белые руки.

Die Gitarre

Ich spiel' ja nicht,
Ich spiel' ja nicht,
laß nur die Saiten erklingen.

Ganz leise und laut,
hell klingend und zart,
berühre nur sacht die Gitarre

Ich spiel' ja nicht,
Ich spiel' ja nicht,
laß die Erinnerung singen

So bitter und traurig
so fein und zerbrechlich,
und denk ja nur so allerhand ...

Ich spiel' ja nicht,
Ich spiel' ja nicht, –
laß die Gedanken erklingen.

Die Jahre vergingen,
und was wir begingen,
der Hals der Gitarre spürt' meine Hand.

УДАРИТ ЛИ ПОСЛЕДНЯЯ ЗАРНИЦА

Летит огонь над черной низкой крышей.
И ветер вьется в каждом лепестке.
И я почти судьбы своей не слышу,
а слышу гром в серебрянном песке.

Когда в великом позднем громоводе
погибнет клен и светы упадут,
я думаю: зачем в земной природе
ты помнила про Божий смертный путь.

Ударит ли последняя зарница,
взорвется ли последняя звезда, -
поет, поет твоя ночная птица -
по звездам неоглядная езда.

И в час - когда споют шальные ветры,
и мы с тобой умчимся в темноту -
придуманные Богом геометры
определят земную высоту.

Valentin Ustinow

Schimmert ein letztes Wetterleuchten

Feuer jagt übers dunkle dach,
jäh erfaßt der wind alles land.
Schicksal ich vernehme dich nicht.
hör nur ein donnern im silbernen sand.

Wenn im allerletzten gewitter
alles licht verlöscht, der ahorn verdirbt,
denk ich, weiß die natur
nichts von einem gott der stirbt?

Schimmert ein letztes wetterleuchten,
explodiert auch der letzte stern –
singt und singt doch die eule
von dem letzten fluge so gern.

Wenn die blinden winde heulen
und uns beide jagen ins nichts,
werten und wägen die zornesengel
schwere und größe des gottesgerichts.

СТАРУХА

Этой ночью проснулась она.
Монотонные капли стучали,
И тянул холодок от окна,
И сжималась душа от печали.

Ах как сердцу в груди тяжело!
Ах как тело от жизни устало!
И вся жизнь перед нею предстала ...
Все прошло ... все прошло ... все прошло ...

И светло, без обиды и зла
Повторяла короткую фразу.
И смотрел на нее из угла
Кто-то черный, чужой и безглазый ...

Die Alte

Monoton klopft's vom Fenster her,
Regen treibt sie hoch aus dem Schlummer.
Kalt zog's vom Fenster, und immer mehr
krampft' ihr Herz sich zusammen im Kummer.

Mühevoll schlug das Herz ihr im Leib,
sehnte Erlebtes zurück voller Bangen.
Und voll Trauer flüstert das Weib:
„Alles vergangen ... alles vergangen.“

Sie war nicht böse oder gekränkt,
wiederholt' es aber unter der Decke.
Jemand, blicklos, finster und fremd,
schaute sie an aus der dunkelen Ecke.

***

Пусть эта девочка поет -
она еще не знает горя.
Она уже заметна в хоре.
Что ей судьба преподнесет?

Я ей пророчить не хочу
в судьбе печальные мотивы.
Она красива чересчур,
чтоб стать обыденно счастливой.

Ей шепоток воздаст сполна
завидующий за спиною ...
И будет ей любовь - вина,
и красота ее - вина ...
А станет счастлива она -
то, боже мой, какой ценою!

David Lysenko

Laßt das Mädchen doch singen

Laßt das Mädchen doch singen,
ragt's doch heraus schon im Chor!
Noch steht kein Kummer vorm Tor.
Was wird das Schicksal ihr bringen?

Will ihr ja nicht prophezeien
eine Zukunft in düsterem Moll.
Doch wie kann Glück je gedeihen
einem Mädchen, der Schönheit so voll?

Die Neidischen hinter dem Rücken
tuscheln von Sünde schon leis',
in die gefallen sie sehn,
nur weil sie so schön.
Wie soll ihr das Leben nur glücken?
Mein Gott, wie hoch ist der Preis!

***

Еще струна не тронута смычком.
Еще смычек рука не поднимает ...
Приветствия скрипач пережидает.
А музыка уже проснулась в нем.

Он перестал владеть своим лицом
И напряженно голову склоняет,
И слушает, как звуки вырастают
И заполняют душу целиком.

И вот - душа и тело умирают ...
И вот - когда он весь - единый звук
И музыку сдержать - такая мука!

Смычек на миг над сердцем замирает ...
То музыка свершила первый круг,
Предшествуя возникновенье звука.

David Lysenko

Sonett

Der Geigenbogen berührte die Saite noch nicht.
Es hob den Bogen nicht hoch seine Hand.
Der Geiger ließ den Applaus noch verrauschen,
Als in ihm schon klang der Geist der Musik.

Er hörte auf, sein Gesicht zu beherrschen,
Neigte gespannt hinab seinen Kopf,
Und hörte in sich die Töne wachsen
Und seine Seele gänzlich erfüllen.

Und darauf – starben Seele und Herz.
Denn – wenn vollkommen der einzige Ton –
steht mit dem Geigenstock stille sein Herz.

Und es ist peinvoll, die Töne zu zügeln.
So ist Musik Vollendung des Kreises,
Bereitet den Weg der entstehenden Töne.

ОНА КРАСАВИЦЕЙ БЫЛА ...

Она красавицей была
И молодой была ...
Да полюбила не того,
Кого б любить должна.
А он - охотник и стрелок,
И путь его далек.
Когда бы знал он о любви, -
Вернулся б, может, в срок ...
Ему и ночь, ему и день
В полях скакать не лень. -
И ничего не обещал
Красавице своей.
... Она ждала его, ждала,
Венок себе плела,
И много листьев и травы
Из леса принесла.
И дом охотничий его
Пропах разрыв-травой
Забвением - и сон-травой,
И приворот-травой.
В котле кипит печаль-трава
И одолень-трава ...
Над ними никнет голова,
Седая голова.

... Кругом разор и пыли слой,
И ступа с кочергой.
Так стала Бабою-Ягой -
Жестокою и злой ...

Sie war so schön

Sie war so jung und sie war so schön
als sie verschenkte ihr Herz.,
dem, den sie sich ausersehn,
für ihn aber war's nur ein Scherz.

Er war ein Jäger, ein wilder Schütz,
er suchte das Glück in der Ferne.
Hätt' er gesucht die Frau, die ihm nütz',
hätte gefreit er sie gerne.

So ritt er hinaus bei Tag und Nacht,
blieb weg über mehrere Wochen,
dann hat er Nächte bei ihr verbracht,
der Frau, der er nichts hat versprochen.

Sie wartet' auf ihn, viele Jahre lang
und flocht einen Kranz sich allein
und aus den Wäldern, durch die sie drang,
mischt' Blätter und Kräuter sie ein.

Bald roch nach Steinbrech sein Jägerhaus,
nach Sprengwurz, es dient' dem Vergessen,
sie schaute nach Zauber- und Schlafkraut aus
und wurde vom Zaubern besessen.

Im Kessel kochte das Herzeleidkraut
in bitterer Wolfsmilch sie gar.
Sie neigte über das, was sie braut'
hinab ihr silbernes Haar.

Am Feuerhaken hing nur der Trog,
inmitten des Staubs und des Drecks.
So wurde, weil sie der Jäger betrog,
die Schöne schließlich zur Hex'.

ДИАГНОЗ

Мой диагноз поставлен врачами:
Много лет за моими плечами.

Столько выпало сердцу терпеть –
За спиною разлука и смерть.

Нервы болью уже сожжены –
Не боюсь ни сумы, ни тюрьмы.

И нигде не ищу я ответа,
А хочу дотянуть лишь до лета ...

Чтоб согрелась земля у ворот. –
Чтоб родне было меньше хлопот.

Die Diagnose

Die Diagnose, von Ärzten gestellt:
über mir ist das Urteil gefällt.

So viel war's, was das Herze bedroht:
von Menschen Abschiednehmen und Tod.

Scheute nicht Armut oder Gefängnis,
nervlichen Schmerz und andre Bedrängnis.

Suchte nicht Antwort, Wunder und Zeichen –
will noch den nächsten Sommer erreichen,

daß ich in aufgetauter Erde
von der Familie begraben werde.

МОЛЕНИЕ

Посреди окаянной России,
там, где вихри дороги косили,
мы друг друга прошли до конца.
И созвездия облачной пыли
нам сияли надеждой венца.

Милый Господи! если не дремлешь -
подари нам на жизнь эту землю.
Милый Господи, жизнь подари.
Мы не знаем: за этим, за тем ли -
просто мы исчезаем вдали.

Просто тяжкими стали дороги.
Просто нравственны черти и строги.
Просто холодно ныне любви.
И высоки у храмов пороги.
А душа - по колено в крови.

Милый Господи! Нам бы не мщенья.
Милый Господи! Нам не прощенья -
Не даруй нам сию благодать:
Нам бы душ перед смертью скрещенье,
Нам бы только вдвоём подышать ...

Gebet

Mitten in dem verdammten Rußland,
wo die Winde die Wege ebnen,
haben Du und ich uns zu Ende erforscht,
und die Sternbilder des Urknalls
strahlten uns voller Hoffnung an.

Lieber Gott, wenn Du nicht schläfst,
schenke uns dieses Land zum Leben!
Lieber Gott, schenk uns das Leben!
Wir wissen nichts – hier oder dort
tauchen wir lautlos ein in das Jenseits.

Teuflisch sind unsere Wege geworden.
Ach, die Teufel sind so streng und sittlich,
alle Liebe friert heutzutage,
die Treppen zum Tempel sind uns zu hoch,
und die Seelen waten im Blut.

Lieber Gott! Wir wollen nicht Rache!
Lieber Gott! Auch keine Vergebung!
Schenk uns nicht eine solche Gnade!
Nur daß die Seelen im Sterben sich einen
daß für uns zwei e i n Atem genügt!

*(Geschrieben in der Nacht vom 6. zum 7. Okt. 1994
in Kursk)*

ЗА МИЛЫМ ОЧАГОМ

DIE FLUCHT INS PRIVATE

ПРОВИНЦИАЛЬНЫЙ ГОРОД

Провинциальный город, мир с тобой
И Бог с тобой, и тишина с тобою ...
Здесь белой церкви купол голубой
Следит, следит за каждою судьбою.
Здесь поутру и каждый божий день
Калитка песню пела-напевала,
Сады цвели и тени на плетень
Плели свое сквозное покрывало.
Здесь хлебный дух захватывает дух,
Заманивает напроситься в гости,
Здесь тишина оттачивает слух
На чистом и ухоженном погосте.
Здесь каждый палисадник и забор
Хранит свои простынки и пеленки,
Здесь девочки и мальчики в упор
Не признают ни йода, ни зеленки. -
Здесь подорожник в золотой поре,
Он здесь в чести у малых и у старых,
Здесь в каждом уважаемом дворе
Беседка для влюбленных и усталых.
Здесь тещи - лучшие, здесь - лучшие затья,
Здесь аисты несут детей в капусту.
Здесь процветает до сих пор искусство
Печное, кровельное, кройки и шитья.
Здесь зарождается любая весть,
И каждой вести можно удивиться ...
Друзья мои, я заблудилась здесь:
Мне здесь давно хотелось заблудиться ...

Tanja Olejnikowa

Die Stadt auf dem Lande

Oh Stadt auf dem Lande, Friede sei mit dir!
Und Gott beschütz deine Ruhe!

Die Zwiebelkuppel der hellblauen Kirche
behütet das Schicksal der Menschen.

Die Gartentüre knarrt an jedem Tage,
die Gärten blühen und um Zäune weben
die Spinnen dünne Schals.

Du atmest den Duft des backfrischen Brots,
das einlädt, Gast sein zu dürfen.

Die Stille schärft dein Gehör auf dem Friedhof,
der sauber gepflegt. Hier lehnen noch Mädchen
und Jungen ab Salbe und Jod.
Die Jungen und Alten schwören auf Wegerich.

In jedem Hof, der auf sich hält,
gibt es die Laube für die Verliebten
und die Erholung Suchenden.

Die Schwiegermütter scheinen hier besser,
die Schwiegersöhne desgleichen.

Die Störche bringen die Kinder noch,
es blüht bis heute die Kunst,
den Ofen zu bauen, Dächer zu decken,
ein Kleid zuzuschneiden und auch zu nähen.

Da werden viel Neuigkeiten geboren,
und über alle könnte man staunen.
Ja, meine Freunde, ich hab mich hierher verirrt,
(So möcht ich mich öfter verirren!)

АИСТЫ

Дремлют наши аисты на крыше,
Спят спокойно наши сыновья.
Перед утром тихо-тихо дышит
За ночь отдохнувшая земля.

Чуточку подернута туманом
Малая излучина воды ...
Для покоя нужно очень мало, -
Чтобы дольше не было беды.

Чтобы клен шумел над нашим домом,
Чтобы вишни снова расцвели,
Чтобы ивы сдержанным поклоном
Низко опускались до земли.

Alexander Maschkara

Störche

Wie auf dem Dache die Störche
Sind unsre Söhne noch nicht erwacht,
Als vor dem Morgen graute die Erde
tief noch vom Atemzuge der Nacht.

Nebelig ruht in weißlichen Schwaden
wer an des Flusses Biegungen wohnt.
Ach, zu dem Frieden braucht es so wenig,
wenn uns nur das Schicksal verschont:

daß vor dem Hause steht unser Ahorn,
daß sich im Märze Kirschblüten zeigen
und daß die stillen Weiden am Flusse
ehrfürchtig sich vor der Erde verneigen.

РАССКАЖИ МНЕ О ВОЙНЕ

Помню теплый свет в окне,
Вишню у крыльца ...
- Расскажи мне о войне, -
Я прошу отца.
- Расскажу, - кивает мне, -
Нынче недосуг ...

- Расскажи мне о войне, -
Деда просит внук.
... Поседела голова
За десятки лет.
Для него найдет слова
Постаревший дед.
Их беседа хороша,
Ласково крыльцо ...
Дед и внук - одна душа
И одно лицо.

... Тот же теплый свет в окне,
Вешних листьев шум ...
- Расскажи мне о войне, -
Сына попрошу ...

Erzähl mir vom Krieg

Warmes Licht vom Fenster des Hauses,
blühender Kirschbaum. Auf steinerner Treppe
saß ich mit Vater vor unsrer Tür.
„Erzähl mir vom Krieg!“
bat ich den Vater.
Er schwieg und sprach: „Jetzt nicht –
lieber jetzt nicht!“

„Erzähl mir vom Krieg!“ sprach zum Opa
der Enkel, als er mit ihm vor dem Haus saß.
und er, dessen Kopf schon herbstlich ergraut,
er findet Worte, die Worte sind gut,
und Opa und Enkel – ein Herz, eine Seele –
glücklich vereint.

Und wieder das Licht aus dem Fenster,
dasselbe Raunen des Frühlings auf steinerner Treppe
vor unserer Tür:
„Erzähl mir vom Krieg!“
bitt’ ich den Sohn.

Георг Освальд Котт

****

Взрослые говорят
что все замерзает зимой
Кто имеет желания
тот должен их отложить

И только дети знают обо всем
Они стоят у окна
прижимаются к нему носами

смеясь здоровым смехом
когда мы бросаем
первые снежки

Перевод Т. Олейниковой

****

Die Großen sagen
im Winter friert alles zu
wer Wünsche hat
muß sie verschieben

die Kleinen wissen es besser
sie stehen am Fenster
und drücken die Nasen platt

wieder gesundgelacht
als wir die ersten
Schneebälle warfen

Андреас Хартманн

ОСЕНЬ

Играется желтыми листьями ветер,
рассыпались груши по желтой траве.
От сладкого запаха будто хмелеешь,
и ласково так заходящее солнце.

Сидишь, разомлевший,
и тихая ива
тебя задевает своими ветвями.
Страницы шуршат непрочитанной книги.

Блуждает твой взгляд,
он затерян в природе.
Так много тревожит тебя в этом мире,
но ты не охватишь и мига Вселенной.

Повеет прохладой, очнешься и вздрогнешь,
и в дом возвратишься родной поскорее ...

Перевод Т. Олейниковой

Herbst

Mit rotgelben Blättern spielt der Wind,
im Grase liegen aufgeplatzte Birnen;
ein traurig-süßer Duft betäubt den Sinn,
noch streichelt späte Sonne.

Ermüdet sitzt du da,
die Weide über dir
berührt dich fast mit ihren Zweigen;
ungelesen bleibt das Buch.

Nichts hält deinen Blick,
er verliert sich in der Landschaft;
dich bewegt so vieles,
doch du kannst es nicht erfassen.

Unmerklich ist es kühl geworden,
schaudernd schreckst du hoch
und eilst ins Haus ...

Петер Янссен

ОСЕННИЙ ВЕЧЕР

в сумерках
мимо выгона
мимо склоненных
лошадиных голов

в молочном свете
тающим следом
над лугами и полями
стелется низко туман

Перевод Т. Олейниковой

Peter Janßen

Herbstabend

die Koppel im Dämmergrau
vorbei
an nickenden Pferdeköpfen
dem Mond entgegen

wie die Wegspur schimmert
im milchigen Licht
über Wiesen und Felder
kriecht Nebel heran

***

В городе, где каждый дом тебе знаком,
И каждое дерево - как приветливый сосед,
Говорит с тобою утром о погоде,
Где каждое тихое местечко
Стелит постель твоему взгляду,
В этом городе новые слова
Не загорятся в тебе -
Тебе и без них тепло и светло.
Они зажгутся в чужом городе,
Где душе одиноко и холодно
Расставляй их на перекрестках улиц,
В переулках и парках.
Пусть горят и говорят:
Здесь ты шел,
Здесь - глядел на чье-то окно,
Здесь - неловко упал,
Но со смехом поднялся,
Стряхнув с одежды снег.
А здесь ты прощался с кем-то.
Когда согреешь город - слова сами погаснут.

In einer Stadt

In einer Stadt, wo die Häuser bekannt
und jeder Baum wie ein freundlicher Nachbar
morgens mit dir das Wetter beredet,
wo die Menge von stillen Plätzen
Ruhepunkte dem Blicke bereiten –
in solcher Stadt werden Worte nicht brennen –
du hast es auch ohne sie wohlig und warm.
Worte entzünden sich erst in der Fremde,
wenn die Seele einsam und kalt.

Stell sie an Straßenkreuzungen auf
oder in winkligen Gassen und Parks!
Brennen werden sie dort und sprechen:
Hier liefst du,
hier schautest du auf jemandes Fenster,
hier bist du täppisch gefallen,
standest mit Lachen auf und
hast den Schnee aus der Kleidung geschüttelt.
Und hier sagtest du jemand „Adieu".

Ach, hast du die Stadt erst mit Wärme erfüllt,
werden die Worte von neuem erlöschen.

***

Мать с отцом – похожи друг на друга.
Грела их любовь, студила вьюга.
Жили. И в одну глядели высь.
И – ветвями душ переплелись.
Не разъединить, не разорвать:
Дерево одно – отец и мать.

Поезда судьбы меня носили,
Сох, как ветка, уходили силы.
Прирастал глазами к маскам лиц
И к асфальту каменных столиц.
Ни к чему корнями не прирос,
На рубахе – соль дорог и слез.

И не понял, а почуял я:
Дерево одно – моя семья.
Никуда не деться, не отпасть:
В древе том я просто – третья часть.
Так уж Богом созданы. Срослись.
Триедины наши даль и высь.

И не разобрать, чья в сердце боль:
Триедины наши хлеб и соль.
Триедина Родина. Одна.
Споры у полуночного окна ...
Дерево одно. И до поры
В это лес не ходят топоры.

Sergej Leontjew

Mutter und Vater

Mutter und Vater, sie glichen einander.
Warm durch die Liebe, frierend im Schneesturm.
schauten im Leben auf gleiche Wipfel,
Zweige des Fühlens verflochten sie.
Niemand kann sie trennen, zerreißen,
sie sind e i n Baum – der Vater, die Mutter.

Mich entführten die Züge des Schicksals,
eingedorrt nur ein Zweig, die Kräfte vergingen, –
wuchs, die Augen auf starren Masken
und auf den Asphalt der steinernen Städte.
Aber nirgends konnte ich haften;
nur mein Hemd zeigt' die Salzspur der Tränen.

Bis ich, ohne's zu wissen erahnte:
E i n e n Baum nur gibt es – den Baum der Familie.
Trennen kann man sich nicht, nicht ihm entrinnen:
Fühl' mich von diesem Baume ein Teil.
Gott erschuf uns, und miteinander verwachsen,
sind dreigeeint wir in Fernen und Höhen.
Niemand kann trennen die Leiden der Herzen.
Dreigeeint sind Salz uns und Brot.
Dreigeeint ist die Heimat, und sie allein –
Selbst der Streit am nächtlichen Fenster –
E i n Baum. Gottlob, bislang
schlugen Äxte nicht diesen Wald!

***

Нынче светает поздно.
Нынче темнеет рано.
И над землею воздух -
словно туман над раной.

Нынче рябина грозди
жжет - и не в силах сжечь их.
Нынче такие звезды -
словно глаза ушедших.

Осень течет веками.
Лишь за ночною гущей
низкими огоньками
светит земля живущих ...

Es wird jetzt spät hell

Es wird jetzt spät hell,
Es wird jetzt früh dunkel.
Der Nebel liegt auf dem Boden
wie ein Hauch auf der Wunde.

Es ist die Zeit, da die Eberesche
verbrennt ihre Trauben – obwohl es nicht geht,
es ist die Zeit, da die Sterne so leuchten
wie die Augen der schon Verblichenen.

Der Herbst fließt endlos dahin.
Und nur hinter schwärzlichem Dickicht
leuchtet mit winzigen Lichtern
die Erde mit ihren Bewohnern.

КРУГИ НА ВОДЕ

DER STEIN,
DER INS
WASSER FÄLLT

Юрий Литвинов

ЗАЯЧЬЯ НОЧЬ

(сказка)

Побежал Заяц на гороховое поле за стручками да и заблудился в лебеде. Хотел позвать на помощь да подумал, что на его зов скорее всего Волк прибежит. Волк, конечно, - санитар живой природы, но после его помощи в живых остаться трудно. Особенно Зайцу.

Поглядел косой по сторонам и видит - неподалеку Кузнечик сидит, новую песенку разучивает.

- Слушай, братец, - обратился к нему Заяц, полагая, что Кузнечика можно так, по-родственному, назвать, - кузнечики ведь тоже скакать и прыгать мастера.
- Слушаю, - отозвался Кузнечик.
- Как мне выбраться отсюда, не подскажешь?
- Заблудился, значит, - догадался Кузнечик и посоветовал, - Ты подпрыгни повыше да оглядись повнимательней, может быть, и увидишь, как выбраться.
- Спасибо, - поблагодарил Заяц. - Я так и сделаю.

Собрал он всю свою прыть и подпрыгнул. Да так высоко, что страх его разобрал. Он глаза от страха и зажмурил. Шлепнулся обратно наземь, а Кузнечик и спрашивает:

- Ну как, огляделся?
- Ага, - врет Заяц.
- Что увидел?
- Ничего, - говорит Заяц. - Там тьма непроглядная. Ночь, наверное.
- Какая ночь? - удивился Кузнечик. - Солнышко светит ...
- Это здесь, в лебеде солнышко светит, а там, наверху ночь, - говорит Заяц. - Сам видел!

Jurij Litwinow

Die Nacht des Hasen

(Ein Märchen)

Ein Hase lief zum Erbsenfeld, um sich Schoten zu besorgen, dabei verirrte er sich in einer Mulde. Er dachte zuerst daran, um Hilfe zu rufen, aber auch, daß der Wolf wohl als erster seinen Ruf vernehmen werde. Gewiß, der Wolf ist der Sanitäter der Natur, aber es ist doch schwierig, nach seiner Hilfeleistung noch am Leben zu sein, besonders gilt das für Hasen.–

Also schaute Meister Lampe rundherum und sah in der Nähe einen Grashüpfer sitzen, der ein neues Lied einstudierte.

„Hör mal, Brüderchen", sagte der Hase zu ihm, weil er annahm, daß man Grashüpfer so verwandtschaftlich anreden könne, weil sie auch im Springen und Hüpfen Meister sind.

„Ich höre", antwortete der Grashüpfer.

„Wie soll ich hier wohl rauskommen? Kannst du mir das mal sagen?"

„Du hast dich verirrt", schloß folgerichtig der Grashüpfer und riet ihm: „Springe möglichst hoch und schau aufmerksam umher, dann wirst du sehen, wie man die Mulde verlassen kann.

„Danke", entgegnete der Hase, „genau das werde ich tun". Er nahm alle seine Kräfte zusammen und sprang hoch. Aber so hoch, daß er Angst bekam. Deshalb kniff er die Augen zusammen.

Er platschte zurück auf die Erde, und der Grashüpfer fragte: „Na, hast du dich umgeguckt?"

„Ja doch", log der Hase. „Nun, was hast du gesehen?" „Gar nichts, da ist es stockfinster. Es ist wohl Nacht". „Wieso Nacht?" wunderte sich der Grashüpfer, „die liebe Sonne scheint doch.."

„Ja ja, hier in der Mulde scheint die liebe Sonne, doch da oben ist es finstere Nacht", sagte der Hase, „ich habe es doch selbst gesehen!"

– Не может быть, – не верит Кузнечик. – А ну-ка, подпрыгни еще разок, да повыше. А я посмотрю на тебя, может и пойму, в чем там, наверху, дело ...

– Ладно.

Подпрыгнул Заяц еще выше. Еще страшнее ему стало, еще плотнее он глаза зажмурил с перепугу. А как приземлился, так сразу выпалил:

– Вот так ночка выдалась! Ни звездочки, ни огонька кругом – жуть!

Но никто на это «жуть» не отозвался, потому что Заяц приземлился не там, где подпрыгивал, а совсем в другом месте, – далеко от Кузнечика, и тот теперь никак не мог растолковать трусишке, отчего ему наверху ночь мерещится.

Так сидит Заяц по сию пору в лебеде. Лебедой и питается. Грызет ее да вздыхает по сладким гороховым стручкам. Ну, не беда, скоро он прогрызет в лебеде просеку и выберется на дорогу. Здесь мы ему и объясним, почему у него день в ночь превращается.

„Das kann nicht sein", zweifelte der Grashüpfer. „Spring noch einmal, aber höher. Ich werde dich anschauen und vielleicht dann verstehen, was sich da oben tut" ...

„Ja, gut!" Der Hase sprang noch höher. Aber er bekam auch noch mehr Angst, und er kniff die Augen noch fester zusammen vor lauter Schreck. Und als er wieder unten war, sprudelte er heraus: „Ist das eine finstere Nacht! Kein Sternlein, kein Feuerchen ist zu sehen – es graut mir!"

Doch keiner hörte ihm zu, weil er nicht genau dort, wo er hochgesprungen war, auf die Erde zurückfiel, sondern an einer ganz anderen Stelle, weit weg vom Grashüpfer, so daß der ihm auch nicht erklären konnte, warum es ihm wie finstere Nacht erschienen war.

So sitzt der Hase bis heute in der Mulde und hat keinen Überblick. Er ernährt sich kläglich und seufzt, wenn er an die süßen Erbsenschoten denkt.

Nun ja, es ist nicht so schlimm. Irgendwann wird er sich eine Schneise durch die hochstehenden Pflanzen genagt haben und auf den rechten Weg zurückkommen. Dann werden wir ihm erklären, warum sich der Tag für ihn in die Nacht verwandelt hat.

ПРЕДЗИМЬЕ

Ветер осень золоченую спугнул.
С вечера поднялся,
до рассвета дул.

Утром вместо многоцветных куполов
серость голых веток,
чернота стволов.

Кто-то легкую победу одержал -
не дымился порох,
не сиял кинжал.

Плата войску королевская дана:
ночь на разграбленье,
хмурый день для сна.

После сна падет раскаянья мороз.
Час для примиренья.
Сорок дён для слез.

Vorwinterzeit

Der Sturm hat den sonnigen Herbst verweht.
Am Abend begann er das Werk,
das erst am Morgen beendet.

Am Morgen statt der goldbraunen Wipfel
sieht man nur nackte Zweige noch stehn
und die Schwärze des Stamms und der Äste.

Leicht war der Sieg, den der Böse errungen
Raucht' doch kein Pulver,
blitzte kein Dolch.

Reich ist der Lohn, der dem Heer ward zuteil:
die Nacht dient' dem Raube,
zum Schlafe ein düsterer Tag.

Erst nach dem Schlaf kommt frostig die Reue.
Nur eine Stunde verwandt zur Versöhnung,
und vierzig Tage für Tränen.

РАЗМОЛВКА
(сказка)

Занесло как-то юго-восточным ветром ко мне на веранду волнистого Попугая вместе с клеткой. Вбил я в балку крюк покрепче и повесил на него это залетное жилище с экзотическим жильцом.

Попугай принял мои заботы с благодарностью, кушал все, что ни дашь, трижды на день чистил перышки, радуя меня своей опрятностью и красотой, пел гортанно юго-восточные песни утром и вечером, а ночью тихо спал, украшая мои сновидения пальмами и орхидеями.

Так прошло пару месяцев. Я крепко полюбил новосела и старался быть ему во всем приятным. Но однажды заболтался с одним знакомым Кротом о том, как следует окучивать картошку, и, проболтав до ужина, забыл накормить Попугая обедом. Прибежав домой, сунул в клетку целый банан. Извинился, конечно. Попугай молча подлетел к банану и ну его долбить.

- Смотри, не подавись, - заботливо предупредил я его. И в тот же момент он взял до и подавился.
- О! О, люди! - завопил он, едва прокашлявшись. - Наконец-то я понял, как чуждо мне все человеческое! Это удушающе-тяжелое дыхание, эти тоненькие, бледненькие перышки на голове! Я не хочу больше видеть их, чуять их, знать о них я не хочу! Прочь отсюда! Выпусти меня, тиран! Воли мне! Воли!

Растерявшись, я открыл клетку. Он мигом выпорхнул, прихватив кусок банана, и полетел прочь. Пролетел метров двадцать и сел на нижнюю ветку райской яблони. В это время под яблоней пробегал пес Доберман, большой любитель

Jurij Litwinow

Der Papagei – Eine Unstimmigkeit

(Märchen)

Irgendwann einmal hat ein südöstlicher Wind mir auf die Veranda einen bunten Papagei samt Bauer angeweht. Ich schlug einen starken Haken in einen Balken und hängte die zugeflogene Behausung mit ihrem exotischen Bewohner auf.

Der Papagei nahm meine Fürsorge mit Dank an, er fraß alles, was man ihm reichte, putzte dreimal am Tage seine Federchen und ergötzte mich mit seiner Reinlichkeit und Schönheit. Morgens und abends sang er seine kehligen südöstlichen Lieder, und des Nachts schlief er ruhig, wodurch er auch meine Träume mit Bildern von Palmen und Orchideen bereicherte.

Ein paar Monate gingen dahin. Ich gewann den stolzen Neuankömmling sehr lieb, und ich war immer bemüht, ihm in allen Dingen gefällig zu sein.

Es geschah eines Tages, daß ich mich mit einem bekannten Maulwurf lange darüber unterhielt, wie man die Kartoffeln am besten anhäufelt; das Gespräch zog sich bis zum Abendbrot hin, da vergaß ich darüber, dem Papagei sein Mittagessen zu servieren. Als ich nach Hause kam, schob ich ihm schuldbewußt eine halbe Banane in den Käfig. Ich habe mich natürlich entschuldigt. Der Papagei näherte sich schweigend der Banane und pickte sie auf.

„Verschluck dich nicht“, warnte ich ihn fürsorglich. Aber genau in diesem Moment verschluckte er sich. „Oh, oh, diese Menschen“ – schrie er, nachdem er zu husten aufgehört hatte. „Endlich begreife ich, wie fremd mir doch alles Menschliche ist! Dieses erstickend-schwere Atmen, diese dünnen, blassen Federchen auf deinem Kopf! Ich will dich nicht mehr sehen, ich will dich nicht wahrnehmen, ich will davon nichts wissen! Weg von hier! Laß mich heraus, du Tyrann! Freiheit will ich! Freiheit!“

красоты и экзотики. Увидел он изумрудно-зеленый хвост Попугая и сразу же испытал высшую степень щенячьего восторга.

– Вот вещь! – рявкнул Доберман и одним ловким рывком выдернул все до единого перышки, то есть весь хвост. Рывок был профессионально-коллекционерским, так что Попугай никакой боли не почувствовал, он почувствовал только легкость там, где прежде ощущалась приятная тяжесть хвоста.

– А-а-а!!! – возопил Попугай. – Ах ты, грязный пес!

– Меня мыли намедни, – промычал Доберман, не выпуская из пасти украшение своей коллекции.

В глазах Попугая потемнело от горя. Он решил, что для него наступили самые черные дни и присоединился к стае серых ворон. Вид его показался воронам дурацким, и они принялись учить дурака уму-разуму. А чтобы вороньи премудрости скорее доходили до попугаевых мозгов, каждая ворона заканчивала нравоучение весомым подзатыльником – хохолок на макушке Попугая диктовал именно такой метод преподавания.

Через неделю, когда на месте знаменитого хохолка образовалась неприличная плешь, Попугай понял, что ему с воронами ужиться не дано. Он переметнулся к воробьям.

– Не пестри! – требовали от него новые приятели. – Не бросайся в глаза кошкам, пацанам и прочим хищникам. Сливайся с окружающей средой.

Выщипав особо яркие перья и припорошив золой и пылью не особо яркие, они привели его в достаточно неброский вид.

– Теперь можешь садиться кошке прямо на нос, и она не отличит тебя от кизяка, – радостно проверещали воробьишки.

Почувствовав себя стреляным воробьем, Попугай решил, что настала пора пожинать плоды с таким трудом завое-

Verwirrt öffnete ich den Käfig. Im selben Moment flog er heraus, mit einem Stück Banane im Schnabel, und weg war er. Er flog etwa 20 m weit und setzte sich auf den unteren Zweig eines Paradiesapfelbaums. Da lief unter dem Apfelbaum ein Dobermann vorbei, ein großer Liebhaber exotischer Schönheit. Er sah den smaragdgrünen Schwanz des Papageis. „Das ist was!“ bellte er, und mit einem geschickten Ruck riß er dem Papagei den gesamten Schwanz ab. Der Biß war so professionell, daß der Papagei zunächst gar keinen Schmerz empfand, nur eine gewisse Leichtigkeit dort, wo früher die angenehme Schwere des Schwanzes zu spüren war. „Ah!“ schrie der Papagei! Du dreckiger Hund!“ „Wieso, ich wurde kürzlich gewaschen,“ bellte der Dobermann verständnislos, ohne aus seinem Maul die exotische Beute freizugeben.

Die Augen des Papageis wurden dunkel vor Kummer. Er war sich darüber im klaren, daß für ihn schwarze Tage angebrochen waren und schloß sich einem Schwarm von Krähen an.

Die Krähen fanden, daß er blöd aussah und fingen an, dem Dämlack etwas Verstand beizubringen. Und damit die Krähenweisheiten schneller in das Papageienhirn drangen, beendete eine jede Krähe ihre Moralpredigt mit einer gehörigen Kopfnuß. Der Federbusch auf seinem Kopf verlangte offenbar eine solche Unterrichtsmethode.

Nach einer Woche, als auf seinem Kopf statt des Federbusches eine unanständige Glatze entstanden war, sah der Papagei ein, daß es sich mit den Krähen nicht gut auskommen ließ. Er schwenkte zu den Spatzen über.

„Sei nicht so buntscheckig!“ verlangten seine neuen Freunde. „Stich nicht in die Augen der Katzen, der Menschen und sonstiger Raubtiere! Du mußt mit der Umgebung verschmelzen!“

Nachdem sie ihm die farbkräftigsten Federn herausgezupft und die nicht so farbenprächtigen mit

Asche und Staub bedeckt hatten, verhalfen sie ihm zu dem für Spatzen hinreichend schlampigen Aussehen. „Jetzt kannst du dich einer Katze direkt auf die Nase setzen, und sie wird dich nicht von einem getrockneten Klumpen Kuhmist unterscheiden“, tschilpten die Spatzen erfreut ... Allmählich fühlte sich der Papagei wie ein gewiefter ванной свободы. Но тут настало время первых холодов.

– Конец, – подумал Попугай. – О люди! – запищал он вслух, – чего они только не изобретают, чтобы сломить волю свободолюбивых птиц!

Вернулся он ко мне октябрьским вечером. Солнце садилось в темно-темно-серую снеговую тучу. Я не сразу заметил невзрачную птичку, прижухшую на перилах крыльца, а заметив, решил, что это очень крупный воробей.

– Ты чем там огорчен? – спросил я его.

– Чири-кар-р-чик, – прохрипел он невнятно.

Я присмотрелся повнимательней и узнал, наконец, своего Попугая. По лапкам узнал, очень уж они дрожали, его лапки, у воробьев так не дрожат.

Посадил я беднягу опять в его клетку, а клетку перенес в дом – на веранде стало прохладно – и повесил рядом с зеркалом.

И когда он теперь вспоминает, как чуждо ему все человеческое, я показываю на его отражение и говорю:

– Все попугайское тебе, увы, чуждо не менее.

Он сердито пощелкивает клювом и начинает чистить перышки, доводя их до прежнего блеска. И доводит. Но хвост и хохолок у него не отрастают, и уже не отрастут никогда. Так что за дружбу нашу я спокоен. Она, конечно, не такая яркая, как прежде, зато надежная как никогда.

Spatz und wollte nun die Früchte der mit so viel Mühe eroberten Freiheit genießen – da kam die Zeit der ersten Fröste. „Das ist das Ende", dachte der Papagei. „Die Menschen", schimpfte er laut, „was sie doch alles erfinden, um den Willen freiheitsliebender Vögel zu brechen!"

An einem Oktoberabend kam er zu mir zurück. Die Sonne verchwand gerade in einer dunkel-dunkelgrauen Schneewolke. Ich bemerkte den unscheinbaren Vogel, der am Geländer der Außentreppe kauerte, zunächst nicht. Und als ich ihn entdeckte, dachte ich, daß es ein besonders großer Spatz sei. „Wieso kauerst du da so traurig?" fragte ich ihn. „Tschirp-tschirp-tschirp" krächzte er in nachgeahmter Sperlingssprache. Als ich näher hinschaute, erkannte ich endlich den Papagei. An den Füßchen erkannte ich ihn. Sie zitterten so, die Füßchen, bei den Spatzen zittern sie nicht. Da setzte ich den Armen wieder in seinen Bauer. Ich brachte ihn wieder ins Haus; denn draußen auf der Veranda war es zu kalt geworden.

Jetzt hängt der Käfig neben dem Spiegel. Und wenn er wieder davon spricht, wie fremd ihm alles Menschliche sei, dann zeige ich ihm sein Ebenbild im Spiegel und sage: „Das Papageiische ist dir wohl leider mindestens ebenso fremd." Dann klappert er ärgerlich mit dem Schnabel und fängt an, seine Federchen zu putzen. Er brachte sie schließlich auch wieder zu altem Glanz. Nur – der Schwanz und der Federbusch, die wachsen nicht mehr nach und werden es auch nie mehr tun.

Nun, unsere Freundschaft ist nicht mehr so farbenprächtig und idealistisch wie früher, aber, sie ist, so meine ich, so sicher wie nie zuvor.

Рудольф Гудер

РЕАЛЬНОСТЬ

триптих о правде

Истина – солнце.
Нас согревает оно.

Но: пекло вредит.

Великого – много.
Малости – недостает.
Все относительно

Но: мерой какою же
Меряем правду и ложь?

На озере тишь.
Вода – как зеркало в нем.

Но: камень падает в ил.

Перевод Т. Олейниковой

Realitäten

Tripel über die Wahrheit

Wahrheit – sonnenklar
Sie strahlt uns an – zweifellos

Doch: Sonnenbrand schmerzt.

Das Große ist groß
und das Kleine ist sehr klein:
Beides wirkt sicher.

Doch: Welches Maß soll gelten,
Wahrheit weiterzugeben?

Die Oberfläche
des Teiches, so glatt, so schön.

Der Stein sinkt zum Schlamm.

Георг Освальд Котт

***

Великан потягивается
он хочет
меня раздавить

я опускаю
глаза долу
и онемеваю

я моргаю
заслоненный
его длинной тенью

я всматриваюсь
прямо туда

и вижу
что велика только
его тень

Перевод Т. Олейниковой

***

Der Riese reckt sich
er will mich
zerdrücken

ich schlage
die Augen nieder
zittre
bin stumm

ich blinzle
der Riese wirft
lange Schatten

ich schaue
genau hin

da steht einer
nur günstig im Licht

Рейнхард Ферстерлинг

АФОРИЗМЫ

***

Крановщик, который бывает часто навеселе, забавляется тем, что уходя на обед, разворачивает кран и оставляет зависшим над головами рабочих. И никто не обращал на это внимания.

Шутки закончились тогда, когда крюк упал им на головы.

***

На Всемирный конгресс орнитологов прилетела птичка и попросила слова. Ей отказали, ссылаясь на то, что она ничего не смыслит в птичьих вопросах.

***

Учитель объявил третьекласникам, что они могут выбрать себе старосту демократическим путем. Не зная, что такое демократия, они голосуют за Петера.

– Петера? – возмутился учитель. – Вы у меня попляшете с ним! Старостой будет Манфред Шульц. Все и точка.

Теперь ученики знают, – что же такое – демократия.

***

Нищий попросил милостыню у банкира, который ничего ему не дал, но сказал:

– Работать надо.

Замешкавшись на секунду, нищий нашелся:

– Да, я ничего не делаю, но я тоже живу на чужие деньги.

Reinhard Försterling

Erzähltes

Wenn der Kollege Kranführer gut drauf war, ließ er den Kranhaken knapp über den Köpfen der Kollegen ausschwenken. Die lachten, bis er traf.

Als die Ornithologen weltkongreßten, kam zur Überraschung aller ein Vogel und bat ums Wort. Vergeblich. Ihm fehle die Kompetenz, sagten die Fachleute.

Strahlend verkündet der Lehrer seiner dritten Klasse, sie dürften nun das erste Mal in ihrem Leben an der Demokratie teilnehmen und einen Klassensprecher wählen. Die Schülerinnen und Schüler wissen zwar nicht, was Demokratie ist, wählen aber alle den Peter.

„Nicht den Peter", sagt der Lehrer, „damit kommt ihr bei mir nicht durch. Manfred Schulz wird Klassensprecher. Keine Widerrede!" Jetzt wissen die Schülerinnen und Schüler, was Demokratie ist.

Ein Bankier sagte zu einem Bettler, der ihn um eine milde Gabe anhielt, daß dieser der verächtlichste Mensch sei, den er kenne. Der Bettler entgegnete nach einem Moment des Schweigens: „Ich tue doch auch weiter nichts, als vom Geld anderer zu leben."

***

В пансионате, где очень заботливо относятся к иностранцам, разместили несколько человек, которые надеются получить политическое убежище.

– Они никуда не высовываются, – сказал местный житель – но все равно они, как бельмо на глазу.

***

Господин Ф. постоянно требует учредить День Памяти Леса

На что господин В. ответил:

– Как можно помочь лесу памятью?

***

– Теперь мы наконец-то поняли, – сказал господин А, – кто виноват, что так много стало безработных. В этом виновата зима.

– О, наконец-то, – ответил господин Б, – теперь правительство примет правильное решение, чтоб победить безработицу. Оно будет ждать прихода весны.

Перевод А. Машкары

In der Mitte des Fremdenverkehrsortes, in dem man sich engagiert um Fremde bemüht, sind in einer Pension einige Asylbewerber untergebracht.
„Die sind zwar nie zu sehen", sagt ein Einheimischer, „ich glaube der Besitzer hat ihnen verboten, das Haus zu verlassen. Aber irgendwie stören sie trotzdem."

Vehement forderte Herr V. einen Gedenktag für den Wald. Da fragte Herr W., ob dem Wald denn noch durch Gedenken zu helfen sei.

„Endlich", sagte Herr A., „endlich wissen wir, wer schuld daran ist, daß es so viele Arbeitslose gibt. Der Winter." „Und endlich", erwiderte Herr B., „tut die Regierung das einzig Richtige, um die Arbeitslosigkeit zu bekämpfen. Sie wartet auf den Frühling."

СНОС КУРГАНА

Бульдозер надвигался властно.
Рыхлил. Пахучая земля,
Которой луг сейчас был застлан,
И клин, где были зеленя,
Дышала вековым настоем,
Тянулась вширь, рыхлилась вкось ...
И дети, как солдаты строем,
Стояли, заслонив откос.
В тысячерукой грозной силе
Мотор, как сердце, глухо ныл ...
Притихли дети. Их учили
Не ворошить чужих могил.

Frevel an Kurganen

(Hünengräber)

Der Bulldozer schiebt unbeirrbar
beiseite die duftende Erde des Hügels
und überdeckt das lebende Grün.
Das ausgehobene Dreieck atmet
Geschichte, die Mythen der Alten.
Die Kinder des Landes stehen verzweifelt,
um den Kurgan mit den eigenen Leibern zu schützen.
So tausendfältig die Kraft des Kolosses,
auch der Motor weint dumpf wie ein Herz.
Voll Ohnmacht sehen's die schweigenden Kinder.
Man hat sie gelehrt, in Andacht zu stehen
und nicht zu schänden die Gräber der Alten.

Биргит Рюэ

ГРИБНЫЕ ПУТИ

Боровик

дикие вишни
на белом пути
утром тропинки
еще влажны
касаюсь березы
ее коры
и вот колодец
в воду ладонь
горячие ступни
идут в тени
под липами
колокольчики
тихо цветут

Поганки

в лесу развал
пестрая группа
в пути под горой
на горизонте высокий лес
выстрел в полдень
там полигон
там военные стрельбы
один с золотыми зубами
мечтает опять
о великом времени
медленно темнеет бузина
Сатанинский гриб

Перевод Т. Олейниковой

Birgit Rühe

Pilzwege

Maronen

Kirschbäume wild
am weißen Weg
morgens die Stege
noch feucht
berühre die Rinde
der Birke
ein Brunnen
die Hände unter kaltes
Wasser die brennenden Füße
gehen im Schatten bei
den Linden bergan
Blütenglocken

Perlpilze

Im Dorf viel Grün
eine Ruine im
Wald die Gruppe
bunt den Weg bergab
Hochwald am Horizont
Schuß in den Mittag
militärischer Schieß-
und Übungsbereich
einer mit Goldzähnen
träumt wieder von
großer Zeit
langsam dunkelt Holunder

Bitterlinge

Петер Янссен

К ВАМ

Хотелось бы
жить с вами в мире
хотелось бы
жить с вами в дружбе
но ваши ноты
на вашем клавире
сыграны будут не мною –
я у вас не на службе
я мягок
но извините
не из воска
мое тело
нет – я это я
а вы – это вы
в этом вся суть
в этом все дело

Перевод Т. Олейниковой

Peter Jansen

An Euch

natürlich möchte ich
mit euch in Frieden leben
möchte freundlich
zu euch sein
doch rechnet nicht damit
daß ich euch
nach dem Munde rede
und daß ich immer
eurer Meinung bin
erwartet nicht
daß ich mich füge
bis zur Unkenntlichkeit
nein ich bin ich
und ihr seid ihr
so ist das eben
so ist es gut

Вольфганг Ришер

ВЗРЫВ ЧАТКА

«... Растения – это взрывчатка»

Карл Кролов, 1962

Рвется асфальт во дворе
под колесами грузных машин,
разбегаясь лучами морщин
в разные стороны.

Но волнует нас
каждый росток,
пробивший асфальт.

Это великая правда нашей памяти:
это взрывается время:

это шанс для поэзии.

Перевод А. Машкары

Wolfgang Rischer

Sprengstoff

... Pflanzen – grüner Sprengstoff

Karl Krolow, 1962

Die Asphaltdecke im Hof von
Motorwalzen verdichtet, bricht
an zahlreichen Stellen auf

Verärgert sehen wir nach
& entdecken
Keime von Pflanzen

Überrascht erkennen wir die Wahrheit
eines vergessen geglaubten Bildes
& die Chance des Gedichts

: Zeitzünder sein

НЕВОЛЯ –
СОПРОТИВЛЕНИЕ

UNFREIHEIT – WIDERSTAND

Гюнтер Вагнер

ЧЕГО ЖЕ ОНИ НЕ РАДУЮТСЯ?

С раннего утра этого первого сентябрьского дня я чуть не влез с ушами в черный корпус нашего радиоприемника. Были осенние каникулы. Пятница.

В берлинской Кролль-опере открылось заседание рейхстага для того, чтобы заслушать важное заявление фюрера и рейхсканцлера.

Наконец-то десять часов. Пора!

Тут в нашей маленькой комнатушке загремел голос фюрера: ***«В пять часов сорок пять минут начался ответный удар. Теперь за каждую бомбу мы будем отплачивать бомбой! ...»***

Я вскакиваю, трясу руками в воздухе и кричу:

- Война! Наконец-то война!

Моя мама сидит, как парализованная, и печально смотрит на меня беспомощными глазами.

- Война? - бормочет она. - Война? О, Боже!

Но меня остановить она не может. Я бросаюсь на улицу, седлаю свой «Мессершмидт-109»* и мчусь по дороге, сворачивая на повороте налево. Затем понесся с горы, оставляя позади хутор Оттвайлер...

В ПЯТЬ ЧАСОВ СОРОК ПЯТЬ МИНУТ
*НАЧАЛСЯ ОТВЕТНЫЙ УДАР!***

Боже мой! Как он сказал! Каждое слово, будто удар молота!

Снова поворот налево. Шины моих колес завывают, стираясь об асфальт.

Günter Wagner

Warum jubeln sie nicht?

Seit dem frühen Morgen dieses ersten Septembertages des Jahres 1939 krieche ich fast mit einem Ohr in das schwarze Bagalittgehäuse unsres Volksempfängers hinein. Es sind Herbstferien. Freitag.

Der Reichstag tritt in der Berliner Krolloper zusammen, um eine wichtige Erklärung des Führers und Reichskanzlers entgegenzunehmen.

Endlich, um zehn Uhr ist es soweit!

Da dröhnt die Stimme des Führers durch unsere kleine Stube:

„Ab fünf Uhr fünfundvierzig wird jetzt zurückgeschossen. Von nun an wird Bombe mit Bombe vergolten ...!

Ich springe auf, werfe die Arme in die Luft und schreie: „Krieg! Endlich Krieg!"

Meine Mutter sitzt wie gelähmt und schaut mich aus hilflosen Augen traurig an.

„Krieg?" murmelt sie: „Krieg? o Gott!"

Aber mich kann sie nicht halten. Ich stürme nach draußen, werfe mich in meine Messerschmidt* einsnullneun und jage davon, schneide in eine Linkskurve. Bergab geht's, die Ottweiler hinunter ...

AB FÜNF UHR FÜNFUNDVIERZIG WIRD JETZT ZURÜCKGESCHOSSEN! **

---

* Me 109 = deutsches Jagdflugzeug – aber ich sitze auf meinem Fahrrad

** Zitat Hitlerrede vom Kriegsanfang in Polen

Война! Война! Наконец-то война! Ах, как жаль, что мне только четырнадцать! ...

МЫ БУДЕМ ПРОДОЛЖАТЬ МАРШИРОВАТЬ,
ДАЖЕ ЕСЛИ ВСЕ РАЗОБЬЕТСЯ ВДРЕБЕЗГИ,
ПОТОМУ ЧТО СЕГОДНЯ НАМ ПРИНАДЛЕЖИТ ГЕРМАНИЯ,
*А ЗАВТРА БУДЕТ ПРИНАДЛЕЖАТЬ ВЕСЬ МИР.****

Вернер уже меня ждал. В честь сегодняшнего праздника он оделся в свою голубую морскую форму члена «гитлерюгенда». Еще он принес с собой аккордеон. Внезапно появляется Август, и мы втроем поем наши песни:

СЕРЫЕ КОЛОННЫ УСТАЛО ТЯНУТСЯ
*ПО ПЕСКУ ПОД СОЛНЦЕМ ...*****

Потом Вернер говорит, указывая пальцем на верхние окна:

– Моя мама сказала: «Хорошо, что ты, Вернер, слишком молод для войны!» А я ей ответил, что надеюсь, что война будет так долго продолжаться, пока я не заслужу себе Железный Крест первой степени. И тут мама заплакала. Вы понимаете это? Чего же они не радуются?

Нет! Мы с Августом тоже не могли этого понять. Наши родители живут в такое великое время и так трусливы!

Август говорит:

– Мой отец потерял на войне ногу. Он засмеялся, мол, его эта дерьмовая война уже никогда не коснется! А когда я ему возразил, то он обругал меня с ног до головы.

– Да они должны благодарить фюрера за то, что он представил им возможность поселиться здесь! Мои вон первый раз в жизни съездили в отпуск. Четырнадцать дней в Ханненклее, представьте!

Herrgott, wie er das gesagt hat! Jedes Wort ein Hammerschlag! Wieder eine Linkskurve. Meine Reifen heulen, radieren den Asphalt. Krieg! Krieg! Endlich Krieg! Aber leider bin ich erst vierzehn!

WIR WERDEN WEITERMARSCHIEREN; WENN ALLES IN
SCHERBEN FÄLLT –
DENN HEUTE GEHÖRT UNS
DEUTSCHLAND –
*UND MORGEN DIE GANZE WELT!**

Werner erwartet mich schon. Er hat seine blaue Marine-Hitlerjugend-Uniform angelegt. Zur Feier des Tages. Und er hat das Schifferklavier mitgebracht. August taucht auf. Wir singen unsere Lieder:

GRAUE KOLONNEN ZIEHEN IN DER SONNEN
*MÜDE DURCH HEIDE UND SAND ...***

Dann sagt Werner und deutet nach oben zu den Fenstern. „Meine Mutter hat gesagt: Gut, daß du zu jung bist für den Krieg, Werner! Und als ich sagte, ich hoffte, der Krieg werde so lange dauern, bis ich mir wenigstens das Eiserne Erster verdienen könne, hat sie geweint. Versteht ihr das? Warum jubeln sie nicht?"

Nein, August und ich verstanden das auch nicht. Da lebten sie nun in einer großen Zeit, unsere Eltern, und waren so kleinmütig!

August berichtet: „Mein Vater hat im Krieg ein Bein verloren. Er lachte und meinte, ihn beträfe ja der Scheißkrieg nun wirklich nicht mehr! Und als ich ihm widersprach, hat er mir rechts und links ein paar gedonnert."

---

* Nazilied

** Soldatenlied

– А мои на «Густлоффе» ездили в Норвегию! – сказал Вернер.

Потом он сменил регистр для новой песни, и мы поем вместе с ним:

НАШЕ ЗНАМЯ ВЬЕТСЯ ВПЕРЕДИ,
МЫ В БУДУЩЕЕ ШАГАЕМ
ДРУГ ЗА ДРУГОМ.
НАШЕ ЗНАМЯ ВЕДЕТ НАС В ВЕЧНОСТЬ,
ПОТОМУ ЧТО НАШЕ ЗНАМЯ –
*ЭТО БОЛЬШЕ, ЧЕМ СМЕРТЬ ...******

Перевод Р. Попова

---

* «Мессершмидт-109» – немецкий военный самолет, но я-то так величаю свой велосипед.

** Цитата из речи Гитлера.

*** Песня нацистов.

**** Солдатская песня.

***** Песня членов «гитлерюгенда».

„Dabei sollten sie dem Führer doch dankbar sein! Er hat ihnen das Siedeln hier ermöglicht. Mit „Kraft durch Freude“ sind mein Vater und meine Mutter zum ersten Mal in ihrem Leben vierzehn Tage verreist. Urlaub in Hahnenklee!“

„Meine waren mit der „Gustloff“ auf Norwegenreise!“ sagt Werner. Dann intoniert er auf seinem Instrument das Lied der Jugend, und wir summen mit:

UNSRE FAHNE FLATTERT UNS VORAN.
IN DIE ZUKUNFT ZIEHN WIR MANN FÜR MANN.
UNSRE FAHNE FÜHRT UNS IN DIE EWIGKEIT,
DENN DIE FAHNE IST MEHR ALS DER TOD. *

---

* Hitlerjugend-Lied

Гюнтер Вагнер

РЕКТОР ХЕЗЕКЕ

Господин ректор Хезеке носит в петлице на лацкане мундира золотой значок члена партии. Сам фюрер доверил ему этот ректорский пост. Герр Хезеке стоит перед классом и объясняет:

- Если бы Иисус жил в наше время, он был бы национал-социалистом. Швеннеке, можешь мне сказать: почему?

Гельмут Швеннеке вскакивает:

- Так точно, герр ректор. - восклицает он. - Иисус собирал бы подержанную одежду и продукты для нуждающихся в нашей стране.

Хезеке доброжелательно кивает головой: «Верно, совершенно верно. Действительно, это хорошая мысль. Никто не должен голодать и мерзнуть. Иисус мог бы произнести эти слова, но кто сказал их, Людеке?»

- Наш вождь Адольф Гитлер.
- Правильно. В этих словах проявляется настоящая любовь фюрера к своему народу. Иисус тоже говорил нечто подобное, не правда ли, Людвиг?

Но Людвиг Фиппс все прослушал, он поднимается со своего места и молчит. Вилли Муке отчаянно пытается ему помочь: «Насыщение, слышишь ... Кормление ...»

- Обед из одного блюда! - восклицает Фиппс и радостно улыбается. Но Хезеке ударяет по столу кулаком. Потом он широкими шагами направляется к Фиппсу.
- Обед из одного блюда? Что за вздор! Что было общего между Иисусом и обедом из одного блюда? Ты вечно все путаешь, тупица! Иисуса и фюрера!

Желая помочь Фиппсу, Вернер бормочет, не поднимаясь с места:

- Иисус говорил о насыщении пяти тысяч людей пятью хлебами, господин ректор.

Günter Wagner

Rektor Hesecke

Herr Rektor Hesecke trägt im Knopfloch des Rockaufschlages das goldene Parteiabzeichen. Das Vertrauen seines Führers hat ihn auf diesen Rektorenposten gestellt. Er steht vor der Klasse und ruft:

„Wenn Jesus heute lebte, er wäre Nationalsozialist. Kannst du mir sagen, warum, Schwennecke?" Helmut Schwennecke springt auf. „Jawohl, Herr Rektor", ruft er. „er würde für die Winterhilfe sammeln." Hesecke wiegt wohlwollend den Kopf. „Richtig, sehr richtig. Wirklich ein feiner Gedanke. „Keiner soll hungern und frieren." Das könnte Jesus gesagt haben. Wer aber sagte es, Lüdecke?" „Unser Führer Adolf Hitler." „Jawohl. Hier offenbart sich die echte Liebe des Führers zu seinem Volke. Auch bei Jesus haben wir ähnliche Beispiele gehört, nichtwahr, Ludewig?" Doch Phipps ist nicht ganz bei der Sache. Er erhebt sich ziemlich zögernd von seinem Platz und schweigt. Willi Mucke versucht verzweifelt, ihm zu helfen. „Die Speisung, Mensch, die Speisung ..." „Das Eintopfgericht!" ruft Phipps und strahlt. Hesecke schlägt mit der Faust auf den Tisch. Dann geht er mit langen Schritten auf Phipps zu. „Eintopfgericht? Das ist doch Quatsch, Mensch! Was hat Jesus mit dem Eintopfgericht zu tun? Du alter Pinsel bringst auch alles durcheinander: Jesus und den Führer." Werner sagt, ohne aufzustehen, und nur, weil er Phipps helfen möchte: „Die Speisung der Fünftausend, Herr Rektor." „Du warst überhaupt nicht gefragt, Schmalbach. Ich verbitte mir dieses Dazwischenquatschen entschieden. Zu morgen schreibst du fünfzigmal ab: „Ich darf nicht vorsagen." Wiederhole das!" „Ich darf nicht vorsagen, soll ich fünfzigmal schreiben."

Hesecke steht neben Rolfs Bank. Er schaut finster zum Fenster hinaus. „Ja, so ist das. Das Eintopfgericht hat mit Jesus natürlich nichts zu tun. Wir haben aber festgestellt, er betont das Wörtchen „*wir*" und macht eine Handbewegung über die Klasse hin, „daß Jesus und Hitler die tiefe Liebe zu ihrem Volk gemeinsam hatten. Wiederhole das,

– Тебя вообще не спрашивают, Швальбах. Я решительно не потерплю этакого вздора. К завтрашнему дню ты напишешь пятьдесят раз в тетради: *«Мне нельзя подсказывать».*

Хезеке стоит рядом с партой Рольфа и угрюмо смотрит в окно. «Да, это так. Обед из одного блюда, конечно, не имеет ничего общего с Иисусом. И мы ведь это установили.» Он особенно подчеркивает слово *«мы»* и делает над классом движение рукой. «Иисус и Гитлер оба сильно любили свой народ. Повтори это, Муке.»

– Вы, – говорит Вилли Муке, запинаясь, но видя насупленные брови Хезеке, исправляет «ошибку». – Мы установили, что Иисус и Гитлер оба сильно любили ... любят ... любили свой народ.

Ханс-Дитер Нойберт поднимает руку.

– Да, Нойберт.

– Господин Хезеке, но ведь Иисус был евреем ...

Ректор уставился на Нойберта. Вдруг он поднял указательный палец и возмущенно затряс им в воздухе: «Это не доказано. Не доказано это! И ведь эти еврейские бродяги в конце концов распяли его».

Мальчики молчат. Ханс-Дитер садится на место.

– Открыть тетради! – командует охрипший Хезеке и достает из кармана мундира многократно сложенный листок бумаги. Под диктовку они пишут в своих тетрадях одну, другую и третью заповеди.

– К завтрашнему дню выучить, – приказывает Хезеке. И в завершении они читают молитву «Во имя фюрера», которую Хезеке сочинил сам:

«Господи Боже, спаси нашу страну,
нашего фюрера, которого ты нам послал
и который снова вывел нас
из могильной мглы к солнцу. Аминь.»

Перевод Р. Попова

Mucke!“ „Sie“, sagt Willi Mucke, stockt dann, als er sieht, wie Heseckes Augenbrauen sich zusammenziehen, und verbessert. „*Wir* haben festgestellt, daß Jesus und Hitler eine gemeinsame Liebe zu ihrem Volk hatten ... haben ... gehabt haben.“ Hans-Dieter Neubert meldet sich. „Ja, Neubert?“ „Herr Hesecke, aber dieser Jesus war doch’ n Jude.“ Der Rektor starrt den Frager an. Er fährt mit dem Finger empört durch die Luft. „Das ist nicht bewiesen. Das ist nicht bewiesen! Und diese Judenstrolche haben ihn ja schließlich gekreuzigt.“ Die Jungen schweigen. Hans-Dieter setzt sich.

„Hefte raus!“ kommandiert Hesecke heiser und zieht einen mehrfach gefalteten Zettel aus der Rocktasche. Sie schreiben nach Diktat das erste, zweite und dritte Gebot in ihre Hefte. „Zu morgen lernen,“ befiehlt Hesecke. Zum Schluß beten sie das „Führergebet“, das Hesecke selbst verfaßt hat.

„Lieber Gott, beschütze unser Land,
den Führer, den du uns gesandt,
und der aus dunkler Grabesnacht
zur Sonne wieder uns gebracht. Amen.“

Гюнтер Вагнер

ТРИ ВЕРЕВКИ НА БАЛКЕ

В амбаре с балки свисают три веревки, три стула стоят под ними. Стулья обиты красным плюшем.

Это конец, думает он, и упирается ногами в землю.

– Я не хочу! – кричит он.

Но они сильнее. Они связывают ему ноги и подымают его наверх. Рядом с ним кричит бургомистр и бормочет молитву пастор.

... Умереть, как герой. Подобно Леонидасу, Шлагетеру, Шиллу ...

И тут солдат выбивает из-под него стул.

На табличке, которая висит на шее казненного, написано:

Я ВИШУ ЗДЕСЬ, ПОТОМУ ЧТО ПРЕДАЛ
СВОЕГО ФЮРЕРА.

В этот день в Берлине облили бензином и подожгли тело Гитлера.

Перевод Р. Попова

Günter Wagner

Drei Stricke am Balken

In der Scheune hängen von einem Balken drei Stricke herab. Drei Stühle stehen darunter. Stühle mit rotem Plüsch. Flöte, denkt er und stemmt sich in den Boden. „Ich will nicht!“ brüllt er. Aber sie sind stärker. Sie fesseln ihm die Beine zusammen und heben ihn hinauf. Neben ihm schreit der Bürgermeister, und der Pfarrer murmelt ein Gebet. Wie ein Held sterben. Leonidas, Schlageter, Schill. Da stößt der Soldat den Stuhl unter ihm weg. Auf dem Schild, das der Gehenkte um den Hals hat, steht:

ICH HÄNGE HIER, WEIL ICH MEINEN FÜHRER VERRIET

Am gleichen Tag übergießen in Berlin SS-Leute den Leichnam Hitlers mit Benzin und zünden ihn an.

ЧЕТЫРЕ ГОДА

Четыре года гуси плакали,
Узрев однажды с вышины
Дома, пылавшие, как факелы,
Дымы багровые войны.
Четыре года гуси видели
Внизу на поле –
не жнивьё,
А танки мертвые, как идолы,
Пришельцев трупы,
Вороньё ...
Четыре года скрежет стали,
До облаков
сплошной пожар ...
... А гуси
Все же прилетали,
Как и в нашествие татар.

Vier Jahre

Vier Jahre weinten die Gänse,
als auf einmal von oben sie sahen,
daß unten die Häuser
wie Fackeln brannten
und purpurn aufstieg der Rauch des Krieges.

Und unten sahen sie nicht die Stoppelfelder,
sondern wie Götzen die toten Panzer
und Leichen der Fremden
und Rabenschwärme ...
Vier Jahre brüllte der Stahl
endlose Feuersbrünste bis zu den Wolken ...
Aber die Gänse sind dennoch geflogen,
wie sie's auch während des Hunnenzugs taten.

***

За что не жалуют поэтов
При жизни их? ...
  И почему
Толкают их под пистолеты,
Бросают надолго в тюрьму? ...
Зачем их в камень облекают,
Зачем возносят их потом?
Зачем у камня
  тихо Каин
Стоит с улыбкою святой? ...

Warum nur

Warum nur mag man sie nicht, die Poeten,
während sie leben?
        Warum nur
sind ein Fall sie für den Genickschuß, oder
sperrt man sie lang ins Gefängnis?
Warum erbaut man das Denkmal,
warum nur ehrt man sie dann?
Und warum steht am Steine
        dann Kain
mit seinem scheinheiligen Lächeln?

***

Возведите меня на костер,
Если предал я русское дело ...
Пусть услышит славянский простор,
Как гудит сумасшедшее тело.
Как орет, закипая, толпа,
И бросает в лицо мне каменья,
Как все смолкнет ...
                И в это мгновенье
Тело выдохнет душу раба.
Поплывет средь ночной тишины
Только треск,
                только шелест соломы,
Да паскудный смешок сатаны,
Да плач девочки
                тихий за домом.
В предрассветной
                больной полумгле,
На горячем еще пепелище
Нищий только подкову отыщет
На сожженной славянской земле.

Verbrennt mich

Verbrennt mich auf dem Scheiterhaufen,
wenn ich Rußland wirklich verraten habe!

Es sollen ringsum die Slawen hören,
wie der elende Leib aufheult,
wie erhitzt der Pöbel schreit
und mir Steine ins Gesicht schleudert,
wie alles still wird ...
und in diesem Augenblick
die Seele vom Leib sich löst.

Es schwebt in der Stille der Nacht
nur ein Knistern,
ein Rascheln vom Stroh
und Satans ekliges Lachen
und das leise Weinen des Mädchens
hinter dem Haus.

In dem elenden Halbdunkel
vor dem Aufgehn der Sonne
wird dann auf der noch warmen Brandstätte
der Bettler ein Hufeisen finden
auf der verbrannten Erde der Slawen.

МОЛИТВА

Дай мне терпение Твое
В больнице лютой и на плахе,
Смиренье ... чистое белье,
И покаяние во страхе.
Прости меня за мрак души,
За тяжкие долги и страсти,
И зло во мне ты задуши
В часы вселенского ненастья.
Когда на Родине ни зги –
Благослови на труд и слово,
Или как молния сожги,
И воскреси из пепла снова.

Ein Gebet

Gib mir Deine Geduld
in der Schreckens-Klinik
und am Schafott,
Demut ...
    saubere Wäsche

und Reue in meiner Angst.
Vergib meiner düsteren Seele
Leidenschaft und Schuld!
Ersticke in mir
    die Bosheit

in Stunden globaler Gefahr.
Wird's in der Heimat stockfinster,
dann gib mir Segen zum Schaffen,
    zum Wort,

oder verbrenne mich in einem Blitzstrahl,
und laß aus der Asche mich auferstehen!

Георг Освальд Котт

БАБУШКА ЛИНА

На фото старинном бабушка Лина
В платье белом и длинном.
Ах, эта карета! Ах, лошадь с плюмажем! -
Куда уезжаешь? Куда же? ...
- Далеко к любимому я уезжаю,
Деток ему нарожаю ...

Да только двери закрыла рая
Эта война мировая.
Брюквенным супом детей спасала,
Голод и боль познала.
Потом через годы в степях России
Навеки уснули три сына.
Тогда же и муж мой от смерти лютой
В шахтах не скрылся Пютта ...

Куда же теперь ты бабушка Лина
В платье черном и длинном? ...
- Что город, что я, наша старость - не радость,
Варенье для внуков варить осталось.

Ах, милая старая бабушка Лина! ...
Твое варенье на полочке длинной:
На каждом дата - когда варилось.
Что в твоем сердце старом творилось?!
Каждая буква и слово - красивы,
Но видеть их больно и невыносимо.
О эта смородина белая, красная ...
Подагра свела каждый пальчик прекрасный.
Время! Куда ты несешься? Постой!
... Юная бабушка в платье с фатой ...

Перевод Т. Олейниковой

*****

Immer das Foto gezeigt
Großmutter Lina ganz in Weiß
mit Kutsche und Pferd
auf dem Königsweg

schon bald sechs Kinder gehabt
die Kleinen großgekriegt
über den Steckrübenwinter

später sind drei
in Rußland geblieben
Staublunge der Mann
starb im Pütt

Quelladern im Weichbild
Wasser im Knie
bis zuletzt
Marmelade gekocht
die rote
die schwarze Johannisbeere
Glas um Glas im Regal
in Schönschrift die Namen
die Erntetage
und keinem
der Sütterlinbögen
sah ich die Gichtfinger an

Георг Освальд Котт

*****

Далеко не каждое
горе – беда

но когда она рядом
а ты говоришь

что это всё –
только твои проблемы

вот это и есть беда

Перевод Т. Олейниковой

*****

Der Jammer das ist
nicht der Jammer

wenn du den Jammer siehst
und du sagst

Jeder ist
seines Glückes Schmied

das ist der Jammer

«ЧЕЛОВЕК, БУДЬ СВЕТЕЛ ...»

Агнесс-Арфа (1866–1939)

В пальто несуразном и длинном
Идет и чуть слышно поет
И голову в шляпке нелепой
Достойно и гордо несет.
Поет она песни простые
Про купол небес и любовь.
Ее отражают витрины –
В них мир она видит другой.

Там кружки пивные и пена,
Там люди смеются ей вслед,
И бьется их хохот о стены.
И меркнет в глазах ее свет.
Она разбивает гитару
На голове юнца.
И струны вонзаются в небо,
Ждут милости Бога-отца.

Без денег осталась и крыши,
Одни лишь лохмотья на ней.
А Бог, он все видит и слышит, –
Ведь мир не без добрых людей.
От горя она заболела. –
Соседка как добрая дочь,
Сидела над ней дни и ночи ...
Но, бедная, как ей помочь?!

Birgit Rühe

„Mensch sei helle ...“

Harfen-Agnes (1866–1939)

Sie trug einen weiten Mantel
Und rote Strümpfe dabei,
Viel Blumen und Bänder am Hute
Und sang so mancherlei.
Von Hofrats Rieke und Liebe
Und blauem Himmelszelt,
In Braunschweigs Kneipen und Straßen,
Da hatte sie ihre Welt.

Und wurde sie verspottet,
Bespuckt, bestohlen, verlacht,
Dann hat sie ihrem Zorne,
Ach, so hilflos Luft gemacht.
Sie schlug den „detschen Bengels“
Die Gitarre auf den Detz,
Verlor ihre Einnahmequelle. –
Und die hatten ihren Fetz.

Und von dem wenigen Gelde,
Das mühsam sie ersang,
War Gewerbesteuer zu zahlen.
Und manches Mal war sie krank.
Die Nachbarsfrau hat Agnes
So liebevoll betreut
Und konnte nichts verhindern,
Sie holten Agnes heut!

Упрятали в богадельню,
Там тихо угасла она.
Сентябрь. Уж сутки над миром
Гуляет и стонет война.
У времени нет остановки.
Но – каждому время и час:
Рождается время с рожденья,
Со смертью кончается в нас.

Баллада была бы неполной,
Мне спать не дает ее тень.
Тот год восемнадцатый вспомним, –
Ноябрьский пронзительный день.
Холодный поезд солдатский,
Где мерзнут от стужи сердца, –
Для них знаменитую песню*
Допела Агнесс до конца.

Перевод Т. Олейниковой

---

* «Человек, будь светел, даже когда мгла ...» – строчка из песни Агнесс.

Verbracht nach Königslutter,
Heil- und Pflegeanstalt.
Dort ist sie dann gestorben,
Ihre Spur verwischt sich bald.
Sie starb am zweiten September,
Am Tag nach Kriegsbeginn.
Es ging mit einem Menschen
Auch seine Zeit dahin.

Meine Ballade wär Stückwerk,
Fehlte jener andere Tag:
Der siebte November achtzehn,
Der Zug zum Rennelberg.
Auch Harfen-Agnes ging
im Soldaten- und Arbeiterzug.
Sie sang ihr bekanntestes Lied.*
Sie sang es nicht laut genug.

---

* „Mensch sei helle, und wenn's auch duster ist"

Биргит Рюэ

СТЕФА

Януш Корчак и Стефа
и дети
нет имен их
на Треблинском камне

вот идут они в тихой колонне
меньших Януш ведет
старших - Стефа
в достоинстве гордом

так спокойно идут они
в путь свой последний
и ладошки детей так доверчивы -
птенчики словно
в небо смотрят они
словно видят незримого Бога
словно знают что там впереди
и покой и свобода

Перевод Т. Олейниковой

Пояснение: Стефа Вилькцинская была сотрудницей врача и писателя Януша Корчака, вместе с ним она не оставила подопечных детей в фашистском гетто, все погибли в газовой

Birgit Rühe

Stefa

Janusz Korczak
und die Kinder
der Stein in Treblinka
trägt ihren Namen nicht

Die Kinder gingen in Viererreihen
in ruhiger Würde Janusz führte
den ersten Teil der Kinder an
Stefa den zweiten

Sie gingen mit hocherhobenem Kopf
an jeder Hand ein Kind haltend
ihre Augen auf ein Ziel
in weiter Ferne

Hintergrundinformation:

Stefa Wilczynska war die langjährige engste Mitarbeiteren des jüdisch-polnischen Arztes und Schriftstellers Janusz Korcak. Sie blieb – wie er – freiwillig nach Kriegsbeginn in Warschau und begleitete mit ihm zusammen die Waisenkinder des Warschauer Ghettos ins Gas.

Рудольф Гудер

СКВЕРНАЯ ИСТОРИЯ

Мы сидели в удобных хозяйских креслах. Я уже и не помню, о чем именно шла речь, мы просто так болтали и сожалели об ужасах, творящихся в мире, как кто-то сравнил эти ужасы с поступками немцев во времена Тысячелетнего рейха.

Тут же вмешался другой гость, один из тех старых пенсионеров, которые сначала могли быть народными судьями, а потом - церковными советниками, и сказал:

- Научно доказано, что в этом Тысячелетнем рейхе - как его сегодня ехидно назвали, - а мы между прочим, отдали все самое лучшее этому рейху, - не существовало газовых камер. Это все злые выдумки иностранцев, если даже - не евреев.

Я ужаснулся.

Теперь, теперь я должен был подняться, но не сделал этого.

Большинство других гостей казалось, восприняли все это вполне нормально и даже пытались участвовать в разговоре. А может они были? ...

Кто-то хотел затеять научный диспут о мнении того необъективного американца, который измерил печи для сжигания трупов в Освенциме.

Но до этого дело не дошло, так как один дружелюбный, толстый, расположенный к шуткам гость, такого же возраста как и я, то есть имевший милость родиться позднее всех остальных, сделал то, чего я никак от него не ожидал, и что должен был бы сделать я. Он резко встал и стал прощаться с хозяйкой, решив уйти, хотя было еще не очень поздно, - а он относился к людям, которые обычно уходят одними из последних.

Помолчав, он объяснил причину своего порыва:

- Я не могу сидеть за одним столом с людьми, подобны-

Rudolf Guder

Eine haarige Geschichte

Wir saßen in plaudernder Runde leichthin in den bequemen Sesseln der Gastgeber, beklagten die Weltlage und die Greuel – ich weiß nicht mehr, um welche es gerade ging. Jemand verglich sie mit den Taten der Deutschen im tausendjährigen Reich.

Da mischte sich ein anderer Gast ein, einer jener alten Pensionäre, der früher Volksrichter gewesen sein könnte, nachher war er Oberkirchenrat. Und er sagte:

„Es ist wissenschaftlich bewiesen, in diesem tausendjährigen Reich, wie es heutzutage mit boshaftem Unterklang genannt wird – wir aber haben unser Bestes für dieses Reich gegeben – existierten keine Gaskammern. Das ist eine böswillige Erfindung der Fremdrassigen – um nicht zu sagen, der Juden.“

Ich erschrak.

Jetzt mußte ich aufstehen, tat es aber nicht.

Die meisten der anderen Gäste schienen es als normalen, statthaften Gesprächsbeitrag zu betrachten. Oder waren sie ...?

Einer wollte einen wissenschaftlichen Disput über die Meinung jenes unsäglichen Amerikaners anfangen, der die Verbrennungsöfen in Auschwitz ausgemessen hat.

Aber dazu kam es nicht, denn einer, dem ich es nie zugetraut hätte, ein freundlicher, dicklicher, stets zu Späßen aufgelegter Gast, etwa so alt wie ich, also auch im Besitz der Gnade später Geburt, tat das, was ich hätte tun müssen. Er stand abrupt auf und verabschiedete sich von der Gastgeberin.

Er wollte weggehen, obwohl es noch gar nicht so spät war und obwohl er sonst immer einer der letzten ist, die nach Hause gehen.

Nach einigem Drängen – vielleicht hatte er das eingeplant – erklärte er den Grund seines überraschenden Aufbruchs.

ми этому старому церковному советнику, и уж тем более не могу обсуждать, насколько велики печи для сжигания трупов. Престиж этих старых нацистов поднимается всегда, когда пытаешься с ними разумно спорить.

Наступил драмотический момент, как в криминальном романе, когда комиссар полиции наконец-то разоблачил убийцу.

Все – или почти все – обернулись к «советнику». Некоторые, как и я, были смущены тем, что не смогли быть такими же настойчивыми как веселый толстяк. Происшедшее неприятно затронуло всех, и гости с любопытством обратили свои взоры на пенсионера. Как же тот отреагирует?

Он вскочил со своего кресла, почувствовал себя незащищенным и хотел уйти. Но даже жалкие попытки хозяев убедить обоих остаться не привели ни к чему: первый не хотел сидеть за одним столом с другим, второй готов был остаться только в том случае, если его позиция будет опровергнута в дискуссии.

Когда же он заметил, что никто в такой дискуссии не заинтересован, он ушел. А дружелюбный толстяк снова уселся, но больше не производил впечатление веселого и склонного к шуткам человека.

Разговор между тем не клеился. Ситуацию попытался спасти хозяин:

– Ну, только какая-то пара старомодников страдает этим слабоумием. К счастью, они настолько стары, что скоро эта проблема будет решена сама собой по чисто биологическим причинам. Я хочу сказать, что сегодняшняя молодежь достаточно скептична, она никогда не клюнет на удочку демагога. Исключение составляют лишь те немногие, которые из-за своего низкого интеллекта готовы снова закричать «Хайль!» и развернуть старые знамена.

„Mit Leuten wie diesem alten Kirchenrat kann ich nicht an einem Tisch sitzen, schon gar nicht darüber diskutieren, ob die Öfen groß genug gewesen sind. Es wertet diese neuen alten und die alten neuen Nazis zu sehr auf, wenn man mit diesen vernünftig zu diskutieren versucht."

Jetzt ein dramatischer Moment, wie im Krimi, wenn der Kommissar endlich den Mörder entlarvt:

Alle – oder doch fast alle – wendeten sich beklommen dem Kirchenrat im Ruhestand zu. Einige beschämt wie ich, selbst nicht so konsequent sein zu können wie der fröhliche Dicke. Alle peinlich berührt, verlegen und doch neugierig, wie er reagieren würde, der Pensionär.

Er sprang ebenso abrupt aus seinem Sessel auf, wollte auch gehen, fühlte sich nicht beschützt. Die kläglichen Versuche der Gastgeber, beide zum Bleiben zu bewegen, schlugen fehl, der eine wollte nicht mit dem anderen am Tisch sitzen, der andere wollte nur bleiben, wenn über seine Behauptung ausführlich diskutiert würde.

Als er merkte, daß daran niemand mehr interessiert war, ging er – der freundliche, dickliche Gast aber setzte sich wieder. Fröhlich und zu Späßen aufgelegt aber wirkte er nicht mehr.

Das Gespräch wollte nicht wieder in Gang kommen. Der Gastgeber versuchte die Situation zu retten.

„Nur ein paar Ewig-Gestrige hängen solchem Schwachsinn noch an. Glücklicherweise sind sie inzwischen so alt, daß sich das Problem aus biologischen Gründen bald von selbst erledigen wird. Die heutige Jugend aber ist skeptisch genug. Sie wird nie wieder auf die Rattenfänger hereinfallen – abgesehen von den wenigen, die wegen ihres geringen Intelligenzgrades wieder Heil Hitler schreien und die alten Fahnen schwenken."

Тут все облегченно вздохнули. Интеллигентные люди никогда не клюнут на эту удочку, они и тогда не верили, а все эти милитаристы, горлопаны, охранники в концлагерях происходили из тех кругов, из которых сегодня происходят провокаторы и наемные убийцы.

Это были слова людей, которые знали о существовании Третьего рейха только понаслышке или застали его конец, когда лежали в детских кроватках.

Теперь должен был встать я, но не для того, чтобы демонстративно уйти, нет, а для того, чтобы дать этим людям понять, что тогда поэты, учителя, врачи, епископы, фабриканты, банкиры и философы несмотря на свой, как правило, высокий уровень интеллекта, все равно ... Но прежде чем я покраснел, готовясь это сказать, вскочил толстяк – да нет, чепуха, не вскочил, а взял слово, да, да, взял его, – не отпустил какую-то острую шутку или ироническое замечание, что было для него обычно, – а горячо оспорил тот факт, что в то время только глупцы верили обещаниям диктатора.

Удивленные таким волнением гости попытались успокоить его. Это удалось, но переубедить его никто не смог, а, напротив, – он предоставил самого себя в качестве доказательства своей точки зрения: глупым человеком он по общему признанию не был – все честно кивнули головами – но несмотря на это, он сам был чуть ли не на волоске от того, чтобы безоговорочно последовать за фюрером.

Никто не хотел в это верить. Все знали, что его дед сидел в концлагере, отец лишился кафедры и одной ноги, а мать была полуеврейкой. Она пережила Рейх в Дании только благодаря тамошнему королю. Тогда он попросил разрешения рассказать историю своей «самогерманизации» – как он это сначала называл совсем еще непонятно для всех нас. Историю, ради которой я и затеял все это долгое пре-

Da nickten fast alle erleichtert: Intelligente Menschen fallen nicht darauf herein, sind auch damals nicht darauf hereingefallen, auch damals kamen die Marschierer, die Gröler, die KZ-Wächter und so weiter aus den Kreisen, aus denen heute die Brandstifter und Menschenjäger kommen.

Sie, die Leute im allmählich wieder fröhlicher werdenden Kreis, waren alle jünger, hatten die tausend Jahre des Dritten Reiches nicht miterlebt oder sein Ende im Gitterbettchen überstanden.

Jetzt hätte ich aufstehen müssen – nein, nicht um demonstrativ wegzugehen, wohl aber, um zu dozieren, daß Richter, Ärzte, Lehrer, Bischöfe, Fabrikanten, Bankiers und Philosophen in der Regel über recht hohe Intelligenzquotienten verfügten und doch ...

Bevor ich mich schämen konnte, wieder nichts gesagt zu haben, stand der Dicke auf – Quatsch, er stand nicht auf, sondern ergriff das Wort, ja, er ergriff es, warf nicht bloß, wie bei ihm gewohnt, ein Bonmot, einen Witz, eine ironische Bemerkung ein, sondern stritt heftig ab, daß es nur Dummköpfe waren, die damals auf die Rattenfänger hereingefallen seien.

Erstaunt ob seiner Erregung, versuchte man ihn zu beruhigen. Das gelang auch, aber zu überzeugen war er nicht, denn er stellte sich selbst als Gegenbeweis vor, dumm wäre er ja anerkanntermaßen wohl nicht – alle schüttelten ehrlich den Kopf – aber trotzdem wäre er um Haaresbreite oder Haareslänge, wie man wolle, dem Führer bedingungslos gefolgt.

Das wollte keiner glauben, denn alle wußten, daß sein Großvater im KZ-Lager gesessen hatte, sein Vater Lehrstuhl und Bein verloren und seine Mutter zu einem Viertel Jüdin gewesen war. Die hatte das Reich in Dänemark nur dank des dortigen Königs überlebt.

Da bat er darum, die Geschichte seiner Selbstgermanisierung erzählen zu dürfen, wie er es – zunächst für alle noch unverständlich – nannte. Die Geschichte, deretwegen ich diesen ganzen langen, wortreichen Anlauf genommen habe.

дисловие, он рассказал от третьего лица, чтобы быть объективным, как это пояснил он сам.

... Однажды выбирали мальчиков размахивать флагами и кричать «Хайль!», когда фюрер, главный ариец, будет проезжать по улицам родного города. Чтобы порадовать его чисто нордическим видом, на церемонию допускались только мальчики с голубыми глазами и волосами цвета соломы – так называемые члены «юнгфолька». Поэтому и был опечален кареглазый брюнет Флориан. Это тронуло не по-нордически сердобольного вожатого отряда «юнгфолька», который был назначен ответственным за размахивание знаменами, и он сделал для темноволосого мальчугана исключение.

Счастливый до умопомрачения Флориан по случаю великого праздника решил придать своим волосам цвет, который так был ценим в те времена, как признак чистоты германской расы. В химии он был уже несколько «образован»: знал об отбеливающих свойствах хлора. Короче, он натер свои волосы кашеобразным раствором препарата для дизенфекционной обработки туалетных раковин, содержащим хлор. А еще пытался придать голубизну своим карим глазам, – для этого он в полдень несколько минут, не моргая, смотрел на раскаленное огромное германское солнце, – это символизировало для него героическое время для арийского народа и его голубоглазых богатырей, окруженных коварными темноволосыми «недочеловеками», которые боятся солнечного света инстинктивно. Но их инстинкты не проявлялись у Флориана, – он лучше других воспринимал свет солнца.

Посланный вперед сотрудник безопасности во время репетиционного размахивания флагами и кричания «Хайль!» проверял по списку членов «юнгфолька» на расовую чистоту и «достойность доверия народа». Прочитав фамилию Розенблатт, он остолбенел, а потом прогнал Флориана прочь,

Er erzähle in der dritten Person, um hinter der Sache zurückzutreten, wie er erklärte:

Florian war eines Tages ausgewählt worden, mit anderen Knaben zusammen Fahnen zu schwingen und Heil zu rufen, wenn der Führer, der schwarzhaarige Obergermane, durch das Heimatstädtchen fuhr.

Um diesen durch rein nordischen Anblick zu erfreuen, waren nur strohblonde, blauäugige Knaben, sogenannte Pimpfe, zugelassen. Deshalb trat Trauer in die leider nur braunen Augen des brünetten Florian. Das bewog den unnordisch-weichen mitleidigen Fähnleinführer, der das Amt des Oberfahnenschwingers innehatte, bei ihm eine Ausnahme zu machen.

Florian, fast pervers glücklich, beschloß, zur Feier des großen Tages seinem Haar den strohig-blonden Glanz zu geben, der als Indiz für germanische Rassenreinheit damals so beliebt und geschätzt war. In Chemie war er bereits so weit ausgebildet, daß er die hervorragende Bleichwirkung von Chlor kannte. Und so rieb er sein Haar mit der breiigen, chlorhaltigen Lösung eines Präparates ein, das zur desodorierenden Reinigung von Toilettenbecken benutzt wurde. Der Augenbläue suchte er aufzuhelfen, indem er minutenlang ohne zu blinzeln in die heilige germanische Sommersonne starrte, und das zur Mittagszeit, weil das angeblich die blauäugigen Recken der heroischen Heldenzeit unseres Volkes beliebig lange gekonnt hatten, im Gegensatz zu den rundherum wohnenden heimtückisch-dunkeläugigen Untermenschen, die das helle Licht der Sonne instinktiv scheuten.

Deren Instinkte versagten bei Florian, obwohl er besser daran getan hätte, das Sonnenlicht zu scheuen, wie sich bald herausstellte. Ein vorausgeschickter Sicherheitsbeamter des Führers überprüfte beim Probefahnenschwingen und Heilrufen der Pimpfe anhand einer Liste auf Rassenreinheit und völkische Vertrauenswürdigkeit. Schon beim Namen 'Rosenblatt' stutzte er, dann jagte er назвав его «расистским шалопаем», когда увидел результат попыток привести себя в «нордический» порядок.

Он действительно подумал, что абсолютное семистско-недочеловеческое разложение выразилось в этой безволосой с потрескавшейся кожей, мокрой голове и распухших, налитых кровью, слезящихся глазах.

Из-за попытки провокации и оскорбления германской расы не по-нордически сердобольного вожатого арестовали, избили, лишили звания и исключили из организации белокурых мальчиков и будущих героев.

Для того, чтобы эта история поросла травой, а вернее будет сказать, чтобы обожженная голова покрылась новыми волосами, напуганный отец-математик со своей абстрактной логикой отвез маленького «недочеловека» к бабушке. Он, показалось, совсем не разозлился на Флориана, мать которого к тому времени уже находилась в Дании.

В присутствии Флориана он не делал никаких логических исчислений и ни разу не пытался доказать, что нелогичность всегда приводит к отрицательному результату. Наоборот, он даже погладил Флориана по покрытой коростой голове и тихо сказал: «Прощай».

Он сказал это, ибо точно знал, что теперь из-за своей фамилии ему опять придется доказывать свою способность математика и право преподавать «чистокровную немецкую математику».

Но на этот раз ему это не удалось, и из него сделали «героя» – послали на войну, где он лишился ноги. Его вернули домой без права преподавать математику. Но это уже совсем другая история, впрочем, как и та, из-за которой дед попал в концлагерь.

Долго, однако, Флориан продолжал сидеть в щадящем глаза полумраке, с потрескавшей кожей головы, покрытой

Florian als rassischen Taugenichts von dannen, als er die Ergebnisse seines Selbstaufnordungsversuches sah.

Deutlich glaubte er aus seinem haarlosen, schrundignässenden Schädel und den verquollenen, triefenden, blutunterlaufenen Augen absolute semitisch-untermenschliche Verkommenheit ablesen zu können. Der unnordisch weiche, mitleidige Oberfahnenschwinger wurde wegen versuchter Provokation und undeutscher Rassenschändung verhaftet, verprügelt, degradiert und aus der Organisation blonder Jünglinge und künftiger Helden ausgestoßen.

Um Gras über die Geschichte wachsen zu lassen, will sagen, neues Haar auf Florians verätzten Schädel, brachte der aus seiner abstrakten Logik aufgescheuchte mathematische Vater den kleinen Untermenschen zu der Großmutter, obwohl er überhaupt nicht böse zu sein schien. Seine Mutter aber war schon in Dänemark.

Er stellte in Florians Gegenwart nicht eine einzige Berechnung an, kein einziges logisches Kalkül auf, versuchte kein einziges Mal zu beweisen, daß Unlogik immer ein negatives Ergebnis hat. Im Gegenteil, er strich Florian sogar zum Abschied über den grindigen Schädel und sagte leise: „Leb wohl, Florian“.

Und das tat und sagte er, obwohl er genau wußte, daß er jetzt wegen seines Namens wieder einmal seine Befähigung und Berechtigung zum Lehren reinrassig-deutscher Mathematik würde beweisen müssen. Das gelang ihm dieses Mal nicht, und er wurde zum Helden gemacht: in den Krieg geschickt, dort eines Beines beraubt, zurückgeschickt, aber nicht zur Mathematik. Doch das ist eine andere Geschichte, ebenso wie die, deretwegen der Großvater ins KZ-Lager kam.

Florian aber saß im augenschonenden Halbdunkel, den schrundigen Kopf mit dicken Schichten stinkender Salbe bedeckt, anfangs traurig darüber, keine Fahne schwingen und nicht Heil Hitler brüllen zu dürfen. Aber trotzdem begann er sich schon zaghaft mit der Frage zu beschäftigen, wieso der Sicherheitsbeamte ihn hatte einen semitischen Untermenschen nennen können, wo er doch gar толстым слоем вонючей мази, и поначалу печалился от того, что ему так и не разрешили размахивать флагом и орать «Хайль!»

Несмотря на это, он стал робко задаваться вопросом, как это сотрудник безопасности мог назвать его семитским «недочеловеком», если даже он сам не знал, что его мама находилась в Дании. Итак, из последствий неудачной «самогерманизации» он смог сделать следующие выводы: если бы его звали не Розенблатт, а Майер или хотя бы Айхенблатт, то тогда его направили бы к врачу, может быть, даже написали трогательную историю о нем в книгу для чтения, и его бы не классифицировали как «недочеловека».

Флориан стал подозревать, что «недочеловеков» вообще, может быть, не так легко распознавать по внешним признакам, как это утверждали эксперты по расам и древние германцы, когда проверяли длину носа, измеряли череп, сравнивали цвет волос и глаз или ковырялись в родословных. А, может быть, именно гуманность по отношению к «недочеловекам» определяла наличие того, что дед чрезвычайно точно именовал душой, а отец-математик – «индивидуальным устройством», – но, в сущности, оба имели в виду одно и то же.

И когда бабушка день за днем промывала раствором борной кислоты распухшие больные веки все-таки карих глаз, она сетовала на трудные времена, забросившие сына на войну, невестку в Данию, а мужа в концлагерь, – когда волосы стали прорастать на голове не по-нордически изящно свисающими прядями, - темнее и гуще, чем раньше, Флориан сам стал стыдиться своей попытки стать настоящим немцем и даже немножко сожалеть, что на самом деле он не был тем «недочеловеком», каким окрестил его сотрудник безопасности, а – самое главное – лишь одной восьмой этого «недочеловека».

nicht wissen konnte, daß seine Mutter schon in Dänemark in Sicherheit war.

Er konnte es also nur aus den Folgen der fehlgeschlagenen Selbstgermanisierung geschlossen haben, obwohl diese Merkmale rein äußerlicher, vorübergehender Natur waren.

Hätte er Mayer gehießen statt Rosenblatt, oder wenigstens Eichenblatt, dann hätte man ihn vielleicht wegen Krankheit zum Arzt geschickt, vielleicht sogar eine rührende Geschichte fürs Lesebuch zusammengeflickt, ihn aber nicht als Untermenschen klassifiziert.

Da begann Florian zu argwöhnen, daß man vielleicht die Untermenschen überhaupt nicht so leicht an äußerlichen Merkmalen erkennen kann, wie diese Germanen und Rassenexperten das zu können behaupteten, wenn sie Nasenrücken prüften, Schädel maßen, Farben verglichen oder in Ahnentafeln herumstocherten, sondern daß das Untermenschentum vielleicht eher etwas mit grober Struktur und geringer Differenzierung dessen zu tun hat, was Großvater peinlicherweise Seele nannte und der mathematische Vater Individualstruktur, obwohl sie beide dasselbe meinten.

Und während ihm die Großmutter Tag für Tag Ströme von Borwasser zwischen die schweren, schmerzenden Lider der verquollenen, aber immer noch braunen Augen goß und über die schweren Zeiten klagte, die den Sohn in den Krieg, die Schwiegertochter nach Dänemark und den Mann ins KZ-Lager gebracht hatten, während die Kopfhaare zu sprossen begannen, dunkler und dichter und unnordisch-feinsträhniger als zuvor, da begann Florian sich seines Germanisierungsversuches zu schämen, ja sogar ein klein wenig und noch diffus zu bedauern, daß er in Wirklichkeit gar kein solcher Untermensch war, wie der Sicherheitshäuptling behauptet hatte – höchstens ein Achtel eines solchen.

Все молчали. И рассказчик завершил свой монолог вопросом:

– Кем бы я стал, если бы от природы был голубоглазым блондином, которому суждено было размахивать знаменем и кричать «Хайль!» ...? Стал бы я сегодня отрицать существование газовых камер и печей для сжигания трупов?

Ответы остальных, что это невозможно себе представить, звучали не очень убедительно ...

Перевод Р. Попова

Alle schwiegen, und der Erzähler schloß mit der Frage: „Was wäre wohl aus mir geworden, wenn ich von Natur aus blond und blauäugig gewesen wäre und Fahnenschwingen und Heilrufen gedurft hätte?

Würde nicht auch ich heute die Existenz von Gaskammern, Verbrennungsöfen und Endlösungen abstreiten?"

Die Beteuerungen der anderen, das wäre undenkbar, klangen nicht sehr nachdrücklich.

Рудольф Гудер

ОСКВЕРНЕНИЕ ПАМЯТНИКОВ

еще прижизненное

Надоели
о как надоели Герои
мы устали от них
от великих их слов
и от Ликов
их молитвенный жернов
мелет так неустанно:
Я – самый великий!

Еще больше
устали мы ото всех этих дел
их Великих свершений
ради нас - человечества
ради нас - сирых и малых
что свершают они
совершая свой беспредел.

Перевод Т. Олейниковой

Denkmalsschändung

Überdrüssig
sind wir
wirklich überdrüssig
aller berühmten Helden
und müde
ihrer großen Worte
aus der Gebetsmühle
unermüdlich
täglich immer
herausgemahlen:
Ich bin der Größte!

Schließlich
müder und überdrüssiger
noch
aller ihrer Taten
ihrer großen Heldentaten
für uns
und das Heil der Welt
täglich
vollbracht.

Рудольф Гудер

***

Что, если *эти в сапогах тяжелых*
Опять свои штандарты развернут?
Что, если вдруг восреснут *те герои*,
Замаршируют вновь и запоют?

Что, если я под пыткою в подвале
Признаюсь в том, чего не совершил?
Что, если кровь моя меня заставит
Раскаяться? И мне не хватит сил?

Что, если мне их полюбить придется
За то, что я «признаюсь» им во всем?
Что, если милость та в меня прольется?
Родится что тогда в мозгу моем?

Что, если с ними я замарширую?

Перевод Т. Олейниковой

Rudolf Guder

Was aber

Was aber, *wenn die mit den schweren Stiefeln,*
gegürtete Helden hinter dem Fahnentuch,
was aber, wenn diese wieder marschieren,
marschieren und singen?

Was aber, wenn ich in verborgenem Keller
vor ihnen gestehen, Reue erweisen soll,
was aber, wenn sie mich schlagen und foltern,
werde ich stark sein?

Was aber, wenn ich sie dann lieben müßte,
sie lieben, nur weil ich gestehen darf,
was aber, wenn sie mich pflegen und füttern,
wie denke ich dann?

Was aber, wenn ich selber marschiere?

ЗАНОЗЫ ПРОШЛОГО

Эвальд был добровольцем
Эвальд гордился тем
что никогда
не предавал своего знамени
Эвальд всем говорит
что если бы
они выиграли войну
то и мы сегодня
были бы в нацистской партии

Вина за евреев у тех
кто был наверху
у тех
кто когда-то
затеял все это с евреями

А у нас в деревне
все было нормально
разве что иногда
прокричишь
«Хайль Гитлер»
а так все как обычно
все было нормально
совершенно нормально

Многие бездействовали
многие не знали
что спасали они одурев

Reinhard Försterling

Vergangenheitssplitter

Ewald war kriegsfreiwilliger
Ewald ist stolz
seine fahne
nie
verraten zu haben
Ewald sagt
wenn sie den
krieg gewonnen hätten
wären auch wir
heute
in der
NSDAP
das mit den juden
die oben
haben das
irgendwann mal
gemacht das mit den juden
bei uns im dorf
ist aber alles
normal gewesen
wir mußten dann
zwar irgendwann
Heil Hitler
sagen aber sonst
ist alles normal gewesen
ganz normal
die nichtwisser
die tatenlosen
haben die wendung
bis zur vergasung

многие вспоминают правда
что при нацистах
женщина могла
пройти одна
ночью
через парк
Но молчат
еврейки цыганки
участницы сопротивления
угнанные в концлагеря
о том
что было тогда

Виновные скрывают
жертвы прощают
виновные прощают
жертвы скрывают
виновные избегают
своих жерв
боясь запятнать
свою честь

В газете
которую я получаю
бесплатно
по воскресеньям
я увидел объявление
Продается
эсессовский мундир
в хорошем состоянии

Перевод А. Машкары

herübergerettet
damals
ist häufig zu hören
die zeit unter dem
hakenkreuz meinend
damals
hätte sich eine frau nachts
allein noch durch
den park
trauen können
heute ist
selten zu hören
von den jüdinnen
von den zigeunerinnen
von den fremdarbeiterinnen
von den widerstandskämpferinnen
damals
die täter verschweigen
die opfer entschuldigen
die täter entschuldigen
die opfer verschweigen
die täter entlasten in
opfer und
ehren
in der anzeigen-
zeitung
die ich jeden
sonntag
kostenlos erhalte wird
sehr gut
erhalten
angeboten
ein SS-
Ledermantel

Биргит Рюэ

ПРОСЬБЫ ДЕТЕЙ

«Дома не должны гореть,
Не нужно знать, что такое бомбы»

Плачет флейта, мелодия льется,
бьется об стены, за душу берет.
Здесь, в бетонном подвале,
узников было неисчислимо.
Их истребляли работой.
Сегодня – это музей, где тишина и благоговение.
Сюда пришла группа «Аргос»
исполнить песни Брехта и Айслера.
Здесь легенды об умерших солдатах.

Ребенок прыгает на материнских руках,
ликует под музыку, пытается петь
то звонко, то тихо посылает свой восторг
в побеленные стены, и отражается звук от потолка.
Ребенок хватается за ручку двери,
что ведет высоко вверх к узким шахтам окон.
Он ползает по пыльному полу,
повторяет и повторяет свои восторги
и заглушает ими печальные тексты.
Сообщения о столетней войне.

«Нужно строить, нужно делать,
Всем на свете должно верить.
Этого достигнет младость,
Этого дождется старость».

Birgit Rühe

Bitten der Kinder

„Die Häuser sollen nicht brennen
Bomben soll man nicht kennen ...“

Melodien klagen aus einer Querflöte gegen steinbleiche Wände, gehen zu Herzen. Hier unter der Hochstraße des Hüttenwerkes, in diesem Raum aus Beton haben Häftlinge gelebt, eng gepfercht. Vernichtung durch Arbeit. Heute ist es eine Gedenkstätte und die Gruppe „Argos“ zu Gast. Lieder und Texte von Eisler und Brecht. Die Legende vom toten Soldaten.

Das Kind hüpft auf dem Arm seiner Mutter, jauchzt in die Musik, in die Schwere der Worte, versucht selbst Laute, tiefe und hohe, schickt sie hinaus in den kahlen, weißgetünchten Raum, greift nach dem rostigen Griff, der hoch hinauf zu den Fensterschächten führt, patscht über staubigen Boden, krabbelt dort, wo keine Stuhlreihen mehr stehen, probt begeistert Töne gegen traurige Texte. Bericht über einen hundertjährigen Krieg.

„Alle sollen was bauen.
Da kann man allen trauen.
Die Jungen sollen's erreichen.
Die Alten desgleichen.“

Ребенок поднялся, ему удалось встать
у материнского стула и снова
медленно-медленно сесть на пол.
Он позволяет завлечь себя тихой меланхолии гитары,
он умолкает, он тихо ложится,
он сосет материнскую грудь.
Потом покатилась по полу морковка,
что-то булькнуло следом.
Ребенок затих на материнских коленях,
слушает строгий голос артистки,
добавляя к нему свою радость.

В перерыве открывают со скрипом ворота.
Посетительницы выходят, стоят во дворе,
где раньше во время войны
была площадь для переклички узников.
Там было самое страшное –
часами шло построение
и длилась нескончаемая перекличка –
и все это под немецкие песни,
что приходилось петь.
Ребенок на материнских руках.
Ветер играет в его золотых прядях.
Подходит женщина-организатор.
Она преграждает путь. Она недовольна.

«Группа, – строго звучит ее голос, –
прервет свое мероприятие,
если ребенок останется здесь, он нам мешает».

Возвращаются посетители.
Что можно еще ожидать?
Песню об известковом растворе.
Балладу о водяном колесе ...

Dem Kind gelingt es, sich am Stuhl seiner Mutter aufzurichten und sich langsam, langsam wieder auf den Boden zu setzen. Es läßt sich locken von der leisen Melancholie der Gitarre, verstummt, liegt still an der Brust, saugt sich satt.
Später rollt es eine Mohrrübe über den steinigen Boden, folgt ihr mit glucksenden Lauten. Gewiegt auf der Hüfte der Mutter, lauscht es der strengen Stimme der Schauspielerin, ihr die eigenen kleinen Juchzer hinzufügend.

Zur Pause öffnet sich quietschend das eiserne Tor. Die Besucherinnen streben nach draußen, stehen in Gruppen im grauen Hof, der einmal Appellplatz war. Am schlimmsten die stundenlangen Appelle, die deutschen Lieder, die zu singen waren. Das Kind im Arm der Mutter, Wind im rötlichen Haar. Eine Frau tritt zu ihnen. Sie ist für die Organisation verantwortlich. Sie ist verlegen. Es ist ihr nicht recht.

„Die Gruppe“, sagt sie, „bricht die Veranstaltung ab, wenn das Kind weiter hierbleibt. Es stört zu sehr.“

Die Besucher streben durch das eiserne Tor zurück in den Raum. Es steht noch einiges zu erwarten. Das Lied von der Tünche zum Beispiel. Die Ballade vom Wasserrad auch.

Из серого октябрьского неба
моросит дождь.
Мать уносит свое дитя,
она идет по темному коридору
между зданиями под эстакадой, -
путь ее по ступеням вверх.
Она глядит на рельсы,
на влажную зелень, на трубы завода,
она идет вдоль по бетонке.

Постовой спрашивает:
- Что? Закончилось мероприятие?
Долго ли оно еще будет?
Тогда мы наконец уйдем домой.
- Они пробудут там, может быть, еще час, -
говорит молодая женщина, -
да только я должна уходить.

Она пересекает автостоянку.
В глазах ее слезы, они смешались с дождем.
Ребенок положил на материнское плечо головку.

«Ночь – чтоб детям видеть сны.
Жизнь дается нам для счастья.
Мамы плакать не должны» ...

Перевод Т. Олейниковой

Aus grauem Septemberhimmel nieselt Regen. Die Mutter trägt ihr Kind durch den dunklen Gang zwischen den Gebäuden unter der Hochstraße fort. Sie geht die eisernen Stufen zur Brücke hinauf, blickt auf rostige Gleise, nasses Grün, zu den hohen braunen Schloten der Fabrik hin, bewegt sich im Wind der Betonstraße fort.

Die Männer im Wachhaus bei der Schranke fragen, ob die Veranstaltung schon zu Ende sei. „Wie lange wird es wohl noch dauern?“ Sie hätten dann Feierabend, sagen sie. „Vielleicht noch eine Stunde“, sagt die junge Frau. „Nur ich muß schon gehen.“

Sie überquert den Parkplatz, im Gesicht den feinen Regen, der sich mit ihren Tränen mengt. Das Kind hat seinen Kopf an ihre Schulter gebettet.

„Die Nacht soll für den Schlaf sein.
Leben soll keine Strafe sein.
Die Mütter sollen nicht weinen ...“

Георг Освальд Котт

***

В краткий миг
пока тлеет огонь
ворошу пепелище костра
и надеюсь
что он оживет
ведь из искры рождается пламя
подчиняясь законам огня
я учился нелегкой науке
огонь раздувать
когда нужно учиться
науке тушенья пожара

Перевод А. Машкары

***

Eine Weile schüren
wo Asche liegt und Glut
und wo vermutet wird
daß Funken schlagen
und die Funken
Flammen zünden
und die Flammen
Brände legen
und die Brände
ratlos machen
weil ich Schüren lernte
und das Löschenlernen
in den Wind geschlagen hab

Гернот Бишофф

ДВАЖДЫ В БУХЕНВАЛЬДЕ

Он, как социал-демократ, гордился тем, что в 1933 году его партия была единственной, которая голосовала против Гитлера. Он ненавидел диктаторов, и был убежден, что демократия является самой лучшей из всех форм управления государством.

Он был приват-доцентом в университете имени Шиллера в городе Йена, он там преподавал римскую историю. Фашисты оставили его в университете, думая, что его лекции и семинары далеки от политики и неопасны.

Естественно, на его лекциях присутствовало меньше «ребят в коричневых рубашках», чем на лекциях по «великогерманской» истории. Ведь он читал лекции по римской истории и рассказывал о Мариусе и Сулле, Катоне и Цицероне ...

Декан определенно пояснил ему, что он по меньшей мере должен стать членом Нацистского Союза Учителей, чтобы сохранить свою должность, - и он, скрежеща зубами, это сделал. Таким сильным на него оказалось давление, и положение было безвыходным. Жена и маленькие дети нуждались в его заработке.

Это случилось после «мартовских ид» в июле 1944 года. Тогда он во время лекции сказал своим студентам, что он особенно ценит поступок Брута в Сенате, т. к. период самодержавия привел Рим к погибели. Эту фразу аудитория приняла с одобрением, и только в последнем ряду кто-то усердно делал заметки ... И уже после обеда стояли перед ним агенты из Гестапо в кожаных пальто. Его допрашивали, мучили, унижали - а потом отвезли в Бухенвальд.

Gernot Bischoff

Zweimal Buchenwald

Er war Sozialdemokrat und stolz darauf, daß 1933 seine Partei als einzige gegen Hitler gestimmt hatte. Er haßte Diktatoren mit der Überzeugung, daß die Demokratie die gerechteste aller Staatsformen sei und der Opposition bedarf, um sich zu erneuern.

Er war Privatdozent an der Schiller-Universität in Jena, Fachgebiet: Römische Geschichte. Und die Nazis ließen ihn im Amt, zu fernliegend und ungefährlich erschienen ihnen die von ihm geführten Kollegs und Seminare. In ihnen saßen weniger Braunhemden als in den Seminaren der „großdeutschen" Geschichte. Und er lehrte sie Marius und Sulla, Cato und Cicero.

Aber der Druck war groß. Seine noch kleinen Kinder und seine Frau waren auf sein Verdienst angewiesen, und der Dekan machte ihm klar, daß er wenigstens in den NSLB eintreten müsse, um seine Anstellung zu erhalten. Er tat es mit Zähneknirschen.

Es war nach den Iden des Juli 1944, als er seinen Studenten in einem Kolleg erklärte, daß er eigentlich höchste Achtung vor der Tat des Brutus habe, die Zeit der Alleinherrscher habe Rom in den Untergang geführt. Anerkennendes Gelächter von vielen, nur in der letzten Reihe machte sich einer eifrig Notizen.

Und am Nachmittag standen sie vor seiner Tür, in Ledermänteln, die Häscher der Gestapo. Und sie verhörten, quälten und demütigten ihn. Und sie brachten ihn in das KZ Buchenwald.

И вот в 1945 году – долгожданное освобождение. Он смог обнять всю свою семью и порадоваться, что даже квартира осталась целой, ее не тронула бомбежка. Он был счастлив, что снова получил свою должность в университете и мог свободно работать.

Он вступил в Союз преследовавшихся нацистским режимом и стал соучредителем новой социал-демократической партии в городе Ена. Он был антифашистом, но был против антифашистского блока и народного фронта, т. к. он в них чуял опасность новой диктатуры. И Отто Гротеволь, который подал руку Вильгельму Пику, был для него предателем ...

Начальники в СДПГ оставили его на той же должности в университете, потому что лекции и семинары, которые он проводил, казались им не опасными для нового режима. На этих лекциях присутствовало гораздо меньше «ребят в синих блузах», чем на лекциях истмата и диамата. Ведь он преподавал студентам римскую историю и рассказывал о Мариусе и Сулле, Катоне и Цицероне ...

Ректор университета недвусмысленно пояснил ему, что он должен прекратить свою деятельность в СДПГ. И он опять, скрежеща зубами, согласился, чтобы сохранить свое место работы. Таким сильным на него оказалось давление, и положение его было безвыходным. Жена и подрастающие дети нуждались в его заработке.

Ну а после выборов в общинное управление и в ландтаг, в Тюрингии, где прочно устроилась ведущая партия, подтвердилось то, что видно было и раньше: в СДПГ старым социал-демократам нужно опять держать язык за зубами ...

В холодный январский день 1947 года он во время лекции сказал, что триумвираты – как, например, между Цезарем, Помпеем и Крассом – ни на что не годились; и тот, который действительно правит, употребляет других как

1945 Befreiung. Er konnte seine Familie vollzählig in die Arme schließen, sogar sein Heim war den Bomben entgangen. Er freute sich, seine Anstellung in der Universität wieder zu erhalten und endlich frei arbeiten zu können. Er wurde Mitglied der VVN und Mitbegründer der neuen SPD in Jena. Aber sein Ziel war eine soziale Demokratie, die der Opposition bedarf, um sich zu erneuern. Er war Antifaschist, lehnte aber den Antifa-Block und die Volksfront ab, weil er darin die Gefahren einer neuen Diktatur witterte. Otto Grotewohl, der Wilhelm Pieck die Hand reichte, war für ihn nur ein Verräter.

Und die SED-Oberen ließen ihn im Amt, zu fernliegend und ungefährlich erschienen ihnen die von ihm geführten Kollegs und Seminare. In ihnen saßen weniger Blauhemden als in den Seminaren des Histo- und Diamats. Und er lehrte sie Marius und Sulla, Cato und Cicero.

Aber der Druck war groß. Seine herangewachsenen Kinder und seine Frau waren auf sein Verdienst angewiesen, und der Rektor der Uni machte ihm klar, daß es mit seinem Einsatz für die SPD Schluß sein müsse. Und er gestand es zu, um seine Anstellung zu erhalten. Er tat es mit Zähneknirschen.

Nach den Gemeinde- und Landtagswahlen in Thüringen hatte sich die Führungspartei etabliert, und der Verdacht bestätigte sich, daß alte SPD-Mitglieder in der SED nur noch wenig zu sagen hatten.

Es war ein kalter Januartag des Jahres 1947, als er in einem Kolleg erklärte, daß Triumvirate wie die zwischen Caesar, Pompeius und Crassus nichts taugten. Der wahrhaft Mächtige gebrauche doch die anderen nur zum Deckmantel seiner Alleinherrschaft, bis sie sich eindeutig und fraglos als Diktatur entlarve. Ein Student fragte, ob es da nicht gewisse Parallelen zur Gegenwart gebe. „Schlüsse zu ziehen, überlasse ich Ihnen!“ sagte er. Anerkennendes Gelächter von vielen, nur in der letzten Reihe machte sich einer eifrig Notizen.

ширму для своего самодержавия, пока самодержавие не станет настоящей диктатурой. Один из студентов спросил, нет ли тут параллелей с настоящим, и профессор устало сказал: «Разбирайтесь сами».

Аудитория с одобрением рассмеялась, только в последнем ряду кто-то усердно делал заметки ... А после обеда – стояли перед его дверью агенты КГБ в кожаных пальто. Его допрашивали, мучили, унижали ... Припомнили, что он был раньше членом Нацистского Союза Учителей. И отвезли его в Бухенвальд. Теперь уже второй раз. Ровно через два года после его освобождения из этого же концентрационного лагеря.

Там он и умер ...

Через год после его смерти к его жене пришел его товарищ по заключению и рассказал о его последних днях. Только просил и умолял: «Не говорите, что я у Вас был, что я Вам все рассказал ... Не носите траур ... Я даже не знаю, есть ли у него могила» ...

При первой же возможности его вдова и дети бежали из «демократического мира», а их имущество конфисковали.

Один из сыновей пошел по стопам отца и стал профессором римской истории ...

Как сложится его судьба?

Перевод А. Машкары

Und am Nachmittag standen sie vor seiner Tür, in Ledermänteln, die Häscher der Staatssicherheit. Und sie verhörten, quälten und demütigten ihn. Ja, er war im NSLB gewesen. Und sie brachten ihn in den Buchenwald. Zwei Jahre nach seiner Befreiung starb er dort.

Ein entlassener Mithäftling beschwor seine Frau: „Verraten Sie bloß nicht, daß ich es Ihnen gesagt habe! Auf keinen Fall tragen Sie Trauer! Nein, ich weiß nicht, wo er verscharrt worden ist."

Frau und Kinder verließen das „demokratische" Deutschland, der Besitz wurde enteignet.

Гернот Бишофф

К 17 ИЮНЯ

Это мой некролог
Сердца встрепенет у вас.
Он российским сынам посвящен
Не выполнившим приказ.
Не стреляли в студентов
Жарким июньским днем. –
Хотя было приказано –
Город залить свинцовым огнем.
Полегли они вместе
Как и Германии сыновья
За великое право на дружбу –
Ведь все мы – одна семья.
Осужденные на забвение,
Под проклятья досужих вождей,
Но уверен, что больше сделали
Для мира и дружбы людей.
А эти, «новые»,
(как будто искренне) –
Господи, какой срам!
Пробиваются водкой и виски
К нашим сердцам.

Перевод А. Машкары

Gernot Bischoff

Zum 17. Juni

Mein Nachruf, den niemand geschrieben bisher,
gilt Rußlands tapferen Söhnen,
die „Nein“ sagten zu dem Befehl,
die Werktätigen zu erschießen,
die streikten am 17. Juni
im Osten Berlins,
in der Stalin-Allee und Unter den Linden.
Sie ließen ihr Leben
wie viele Deutsche
für „Recht und für Freiheit“,
verachtet, geschändet –
und taten doch mehr
für Freundschaft und Frieden
zwischen den Völkern
als die, die „Druschba“
heute mit Wodka besiegeln
oder mit Whisky,
für Dollar gekauft.

Гернот Бишофф

РОДИНА

Все выше деревья, все старше дома ...
Родина, я узнаю переулочки.
Затхлость и пыль этих старых мест
Помню, как помню вывеску булочной.
Все эти приметы родные душе –
До каждой травинки и каждого камня.
И звон мостовой и твои шаги
Еще дороги и милы пока мне.
Когда же я вновь доверяюсь пути,
Прошлое отметая,
Мне страшно идти, мне больно идти –
Я в небесах не витаю.
Мы – пчелы замерзшие на цветах,
Мы – ветки ивы под снегом и ветром.
На разных мы с тобой берегах.
Друг другу кричим и не слышим ответа.
Живет вдали от родимых мест
Прадеда и отца.
Горько, что пепел земли родной
Не стучится в наши сердца.

Перевод Т. Олейниковой

Gernot Bischoff

Heimat

Bäume nun größer,
Häuser nun älter:
Im Moder der Gassen
Heimat wiedererkennen:
Unter bröckelndem Putz
die Inschrift des Bäckers,
die Kerben im alten Geländer
seltsam vertraut.
Und auf dem holprigen Pflaster –
dein Schritt.

Und wieder die Gassen,
vertraut wie je,
und das Pflaster und du.
Doch liegen Bienen
erstarrt unter Blüten,
und um die Weiden
weht schneeiger Wind.
Wir leben getrennt
an entfernten Gestaden,
im Herzen die Heimat
zu Asche verbrannt.

Гернот Бишофф

ЕВА В СИНЕЙ БЛУЗЕ

Там, где Германия неделима,
Служат внуки «Союзу» и «Знамени»,
Они вышколены и ненавидят образ врага.
Но случается все-таки иногда,
Что какая-нибудь Ева в синей блузе
Все же протянет Хансу из Дортмунда яблоко –
И получается «внутригерманский грех».
Это не утопия –
После поцелуя и объятий – любовь.
Но это – преступление
В представлении партии.
Они же поют упрямо гимн Бехера,
Потому что сейчас
Солнце для них – и только для них! –
«Светит над Германией,
Светит над Германией».

Перевод Т. Олейниковой

Gernot Bischoff

Eva im Blauhemd

Wo deutsches Land einst ungeteilt,
dienen die Enkel heut' „Bund“ oder „Fahne“,
im Feindbild geschult.
Und dennoch geschieht es,
daß Eva im Blauhemd einem
Hans aus Dortmund den Apfel reicht
und „innerdeutsche“ Sünde geschieht.
Da ist nicht Hoffnung nach Kuß und Umarmung,
die Liebe Verbrechen im Sinn der Partei.
Doch singen sie trotzig die Hymne
von Becher, weil für Momente
die „Sonne“ für sie – und nur für sie –
„über Deutschland scheint –
über Deutschland scheint.“

Татьяна Олейникова

МЫ

(еще не оконченная поэма)

«... Плывем.
Куда ж нам плыть?»

А. С. Пушкин

1

... И коль по высшей мере
Нас судить, –
Что нас тревожит
В жизни этой нищей? ... –
Живём-бывём
Но проржавело днище,
И некому спросить:
«КУДА Ж НАМ ПЛЫТЬ?»

2

«Ни при какой погоде
Я этих книг, конечно, не читал ...»

С. А. Есенин

А что мы знаем
О времени том?
И что узнали
О времени этом? ...
Давайте раскроем
Этот огромный том –

Tanja Olejnikowa

Wir

(Ein nicht beendetes Poem)

„... wir schwimmen.
Wohin müssen wir schwimmen“

A. S. Puschkin

1

... Und wenn man uns mit dem Tode
bestrafen würde, –
Was beunruhigt uns
an diesem Bettlerleben?
Wir leben halt vor uns hin,...
und es ist keiner da zu fragen,
wohin wir schwimmen sollen.

2

„Bei keinem Wetter
habe ich diese Bücher gelesen“

S. A. Jessenin

Und was wissen w i r
über jene Zeit?
Und was haben wir erfahren
über diese Zeit?
Wir wolln ihn öffnen,
den großen Band –
den „verehrten“,
doch nie gelesenen,
von keinem russischen Dichter.

Почитаемый,
Но не прочитанный
Русским поэтом.
Что же мы знаем
«о времени нашем и о себе»? ...
Наши глотки
Были заткнуты,
И мы
Столько лет шептали ...
Нас давно уже знали –
Даже – в лицо – в КГБ.
Хотя меня там
Ни о чем не спрашивали
И ни о чем не пытали.
Мы, загнанные в себя,
В тишину, вглубь ...
В глубь и вширь время тянулось,
И мы старели ...
И каждый чувствовал
Под ногтями и в душе – иглу.
И каждый из нас живет,
Но трижды уже
Молчаньем расстрелян.
Нас обложили
Флажками-запретами –
Не затем? –
Чтоб стаю нашу – всю! –
Выявить поимённо? ...
Мы – выпавшее звено
Запретных песен и тем ...
И тем горды еще,
Что – алый? – цвет на знамёнах ...

Was wissen wir denn
„über unsere Zeit und uns“?

Unsere Kehlen
waren verschnürt,
und wir haben so viele Jahre geflüstert.
Uns kannte man schon lange –
sogar namentlich – beim KGB,
obwohl man mich
dort nicht verhört hat
und auch nie gefoltert.

Wir, zwangsläufig in uns gekehrt,
in die Stille, tief hinein ...
Die Zeit schleppte dumm sich und träge,
und wir wurden älter.
Und jeder fühlte
unter den Fingernägeln und in der Seele
Nadeln.
Und jeder von uns lebt. –
Doch dreimal schon wurde jeder von uns
durch das Schweigen erschossen.
Wir wurden eingeengt
mit Verbotsschildern.
Wohl, um unsere Clique
allesamt – namentlich aufzudecken! –
Wir sind herausgefallen, ein Stück
der verbotenen Lieder und Themen.
Und wir sind auch noch stolz darauf,
daß die Farbe des Banners rot war,
daß wir als Kinder noch
hinter ihr schritten,

Что под ними шагали
В детстве своем, -
Что наши сны
Были безоблачными -
Голубыми и розовыми ...
Но все же в детстве
Мы были заражены
Страшной болезнью -
«Синдромом Павлика Морозова».
Мы были юными мичуринцами,
Мы брали своё
У снисходительной к нам -
Тогда еще - Матери-природы.
А теперь -
Милостыни бы дождаться
Из суровой длани её! ...
Ведь у нас -
Не продолжение рода своего,
А аборты ...
... И дети кинутые
На пороги детских домов,
Мол, берите, чужие дяди и тети ...
Родина, обласкай, не отвергни!
... Как бы не сойти нам
С нетвердых еще умов? -
Где все променяно
На последнюю совесть
И на последние деньги.

daß unsere Träume ganz wolkenlos,
hellblau und rosa waren ...
Jedoch als Kinder schon wurden
wir infiziert von der
schrecklichen Krankheit:
Syndrom des Pawlik Morosow *).
Wir waren Anhänger des Mitschurin **).

Wir trotzten vieles
der Mutter Natur ab.
Damals war sie nachsichtig uns gegenüber.
Und jetzt –
erwarten wir Almosen
aus ihrer sich verweigernden Hand.
Denn wir sind nicht die Fortsetzung
unsres Geschlechts,
sondern nur Abtreibungen,
verlassene Kinder
vor den Türen der Waisenhäuser!
Ja, nehmt nur an die fremden
Erzieher! Heimat,
lehn uns nicht ab!
Könnten nicht irre wir werden
in unsren noch nicht gefestigten Hirnen,
da, wo schon getauscht ist:
das letzte Gewissen,
das letzte Geld?

---

*) (P. M. hatte seinen Vater angezeigt, der nicht alles Korn dem Staat abgeliefert hatte. Er wurde darauf als Volksfeind erschossen, und der Sohn wurde als Held verherrlicht. Auch Schulen wurden nach ihm benannt.)

**) Russischer Botaniker, der glaubte, die Natur beliebig im Sinne des Menschen manipulieren zu können

3

«Нынешнее поколение
советских людей
будет жить при коммунизме».

Н. С. Хрущев

Не падали на колени,
Не падали на колени
Пред тем, кто возносился,
Кто влез на пьедестал ...
Мы - то еще поколение,
Мы - то еще! - поколение,
Те самые ... И каждый
Никем и ничем стал.

Мы азбуку изучали
По буквам на транспарантах ...
Там было белым по красному
Написано: *«МОЛОДЕЖЬ –*
НАШЕ ПРЕКРАСНОЕ БУДУЩЕЕ!».
И что-то еще про атом,
Который, написано: - *«МИРНЫЙ»*,
И почему-то: *«ДАЁШЬ!»*.
Нас школили в наших школах,
Нам вдалбливали идеи, -
Поэтому мы не стемились
К незапретным плодам ...
Ни в дружбу, ни в службу - трудились
Совсем не там, где хотели ...
Утром и вечером топали
По собственным же следам.

3

„Die jetzige Generation der
Sowjetmenschen wird im Kommunismus leben"

Nikita Chrutschow

Wir fielen nicht auf die Knie.
Wir beugten uns nicht denen,
die so hoch erhoben wurden,
die sich selbst auf die Sockel stellten.
Drum sind wir die Generation,
in der – jeder von uns –
rein gar nichts erreichte.

Wir lernten das ABC
nach den Buchstaben auf den Spruchbändern.
Da stand es weiß auf rot –
„DIE JUGEND IST UNSERE
WUNDERBARE ZUKUNFT!"
Dann noch etwas über Atom,
es soll, steht da, „FRIEDLICH" sein,
und noch dazu „ES LEBE!"

In den Schulen hat man uns
Ideen eingebleut –
Daher hatten wir auch kein Bestreben
nach verbotenen Früchten ...
Und arbeiten gingen wir,
die Zeit totzuschlagen
und nicht da, wo wir's gerne getan hätten ...
Morgens und abends gingen wir
unseren eigenen Spuren nach.

... Ровесники мои да сверстники!
Поговорить бы надо! ...
Да к нашему разговору
Не все готовы пока ...
Сколько из нас - откровенно! -
Выросли на Асадове?
А сколько - на Блоке и Пушкине? ...
А сколько - надурняка? ...
Нам, которым за сорок,
И далеко - за тридцать,
Долго еще почесываться
От пролежней на душе ...
Сколько нам не хватает,
Которым опохмелиться -
Требуется! ... Да совесть
Не позволяет уже ...
Так мы и будем - в болезнях!
Да в ломоте! Да в стоне! ...
И дети - наследники наших
Отчаянья и наготы ...
И - ничего не попишешь! -
Дети отцов достойны ...
То, что отцы не допили,
Допьют у самой черты!

... Было когда-то, было!
И мы бунтовали ... Но чаще
Спорили сами с собою
И пили наедине
С совестью забубенной,
Ни слова не говорящей,
И сами себя судили,

Meine Altersgenossen,
wir müßten uns einmal aussprechen! ...
Nur, zu diesem Gespräch
sind noch nicht alle bereit ...
Wieviele von uns, mal ehrlich,
sind mit Assadow aufgewachsen? (linientreuer Literat)
Und wieviele mit Block und Puschkin? (Dichter)
Und wieviel überhaupt ohne alles?
Wir, die wir jetzt über vierzig sind,
und die, weit über dreißig,
werden uns lange noch kurieren müssen
von den Beulen der Seele ...
Wieviele fehlen uns noch,
die sich den Kater
austreiben müssen – doch das Gewissen
meldet sich nicht?
So bleiben wir denn – in Siechtum,
in Schmerzen, im Stöhnen!
So auch die Kinder – die Erben unsrer
Verzweiflung und unserer Blöße ...
und – nichts zu machen! ...
Die Kinder sind ihrer Eltern würdig.
Das, was jene nicht ausgetrunken haben,
trinken diese zuende!
Es war einmal. Es war einmal.
Auch w i r rebellierten ... Doch noch öfter
stritten wir mit uns selber
und tranken,
alleingelassen mit dem
rasenden Gewissen,
das uns nichts sagte,
und verurteilten uns selbst
und ertränkten die Seelen im Wein.

И душу топили в вине ...
И сами себе оправданье
Искали ... Но не от лени
Его не находили:
Нечего находить!

Мы - то еще поколение,
То еще! - поколение,
Которому при коммунизме
Не получилось жить ...

4

Откройте, архивы,
Нам черные тайны свои ...
Мы боли напьёмся
И мы захмелеем от боли.
Мы - заживо мертвые
От нерожденной любви,
От стона молчаний,
От жизни, не ставшей судьбою ...
Нас тихо ломали
И тихо гребли под себя,
Дабы отогреть нас
Своим холодеющим телом ...
И мы выживали,
От боли зубами скрипя,
И молча прощали
Их жалкие *Слово и Дело ...*
... Да! Выползни мы! -
Но сейчас повторять не хотим
Ни тихого шипа,

doch nicht, weil wir faul waren,
wir fanden sie nicht ...
War ja nicht zu finden ...
W i r – sind immer noch die Generation,
d i e Generation, der es nicht gelungen ist,
im Kommunismus zu leben ...

4

Öffnet uns, Archive,
Eure dunklen Geheimnisse ...
Wir werden den Schmerz austrinken.
Und wir werden berauscht sein
vom Schmerz.
Lebend getötet durch
die nicht – geborene Liebe,
durch das Stöhnen des Schweigens,
durch das Leben, das nicht
zum Schicksal wurde ...
Man hat uns leise zerbrochen
und leise unter sich gelegt, den Schlangen gleich,
um uns zu wärmen
mit dem eignen erkaltenden Körper ...
Und wir überlebten,
wir knirschten vor Schmerz mit den Zähnen
und verziehen schweigend
die kläglichen Worte und Taten ...
Nun sind wir hervorgekrochen. W i r .
Doch wollen wir nichts wiederholen –
weder das leise Zischen
noch das schwarze Gift des Verrats.

Ни черного яда измены ...
... А все-таки так же,
Как те, не мигая глядим –
Себе поджидаем
И слова, и дела, и смены ...

Потом, умирая,
Мы выползем на солнцепёк,
И станем вертлявы,
И станем, как суки, брехливы ...
И вытолкнем наших детёнышей
Скользкий клубок, –
Чтоб в наших, чтоб в наших
Они захлебнулись архивах ...

5

Не слишком ли уверовали мы
В ту оттепель, сулящей перемены? –
Что ветер после сумрачной зимы
Нас выкорчует из беды и тлена?
Не слишком ли уверовали мы? ...

Не будет ли наш новый путь тернист?
А песней нашей – не заткнут ли горло
Тем, кто когда-то перейдет на свист,
Который будет кем-то назван гордо –
Художественным! ... Будет путь тернист?
Не ослепит ли нас рассветный луч,
Забытый нами в топи аллегорий?
От преклонения не помутится ль ключ,
Берущий путь к полуденному морю?

Und dennoch – genauso wie jene –
schauen wir, ohne zu blinzeln –
erwarten w i r für uns
die Worte, die Taten, die Erben ...
Dann, später, wenn wir am Sterben sind,
werden wir in die pralle Sonne hinauskriechen
und werden zappelig wie Hündinnen kläffen..
Und wir werden den glitschigen Knäuel
unserer Kinder ausstoßen,
damit sie sich einst
in unsern Archiven ersticken.

5

Haben wir wohl zu sehr
an den Frühling geglaubt
an den Frühling, der Perestroika versprach?
Daß der Wind nach dem finsteren Winter
uns aus dem Unheil herausweht
und aus der Verwesung?
Haben wir nicht zu sehr geglaubt?
Ob er dornig sein wird, der neue Weg?
Ob unser Lied nicht wieder jemand
zum Schweigen bringt
Jemand, der irgendwann zum Zuge kommt –
künstlerisch – stolz?!
Wird auch dessen Weg dornig sein?
Wird uns wohl der Morgenstrahl blenden,
den wir vergessen haben im Durcheinander
der Allegorien?
Ob wohl vor lauter Anbetung die Quelle
nicht getrübt wird, die
ihren Weg nimmt zum südlichen Meer?
ob wir uns an dem vielgepriesenen
Schluck wohl verschlucken,

Не ослепит ли нас рассветный луч?
Не поперхнуться бы нам тем благим глотком,
Которого мы жаждали все годы! ...
Нам, тем, кто с материнским молоком
Всосать желали капельку свободы?
Не попехнуться бы нам тем благим глотком!

Не слишком ли мы убыстряем шаг
К вершинам новым? – Лучше б оглянуться
На тех, кто ничего не завершат
Под новым ветром новых резолюций ...
Но мы спешим! И только свист в ушах! ...

nach welchem wir jahrlang uns sehnten?
W i r , die mit der Muttermilch
trinken wollten den Tropfen der Freiheit?
Ob wir uns an dem vielgepriesenen
Schluck wohl verschlucken?
Ob wir zu schnell uns anschicken,
zu den neuen Höhen zu schreiten?
Wäre wohl besser, sich umzugucken,
auf jene zu sehen, die nichts
vollenden im Winde der neuen Resolutionen? ...
Aber wir eilen! Das Rauschen im Ohr.

***

Отнять бы нам праздник у буден!
Жизнь наша печальна, странна ...
Конца сталинизму не будет –
Пронизана страхом страна.

Мы к рабству привыкли. И в этом
Российская боль и беда.
И лживы все наши победы,
И требует память суда.

Alexander Maschkara

Wenn man ...

Wenn man doch in unserm grauen Alltag
wenigstens die Feiertage
retten könnte! –
Entbehrungsreich genug ist unser Leben.
Stalinismus und kein Ende!
Dieses Land kennt nur die Angst.

An die Sklaverei sind wir gewöhnt,
das ist Rußlands Schmerz und Elend!
Weil verlogen auch die Siege,
fordert nun die Wahrheit ein ihr Recht!

СПРАВКА

дана настоящая
в том, что живу я
на русской земле,
в том, что имею
диету щадящую
и на работу
хожу на заре.

В том, что живу
на одну лишь зарплату,
на два кредита,
на кучу долгов,
в том, что
заплату кладу на заплату,
ныне и присно –
во веки веков ...

Может, у вас
возникают сомнения?
Может, я брежу,
забывшись во сне?
Справка моя
мне дана к предъявлению
детям и внукам
и бедной жене.

Das Formular

Hiermit wird bescheinigt,
daß ich in Rußland lebe,
daß ich nur ärmlich zu essen habe und
im Morgengrauen zur Arbeit gehe,

daß ich n u r von meinem Gehalt lebe,
Kredite abzahle
und einen Haufen
Schulden habe,
daß ich einen Flicken
auf den anderen setze,
heute und morgen.

Vielleicht glaubt ihr's nicht,
vielleicht rede ich im Fieber?
Dieses Formular ist
für mich ausgestellt
zur Vorlage
meinen Kindern und Enkeln
und – meiner armen Frau.

Вольфганг Ришер

НЕМЕЦКИЙ ВОПРОС

Фолкеру Брауну
в другой половине Германии

Здесь, где я перехожу границу на одни сутки
Во (все-таки) разрешенных районах твоей страны
(Германии), где я так же, как и ты
Вижу туманно-голубые вершины Броккена
«Таинственно над удивленным миром ...» (Гете)
Забитые электронными заграждениями -
такие недостижимые,
на которые подниматься не разрешено ни мне - ни тебе.
Здесь зависает надо мной туманный
и такой досягаемо-близкий,
но совершенно непонятный нам и тем более многим
наш немецкий вопрос. Как мы мало делаем, чтобы
решить его,
Хоть бы небольшой сквознячок почувствовать
в этой душной немецко-немецкой тесноте, - хоть
и возрастает все-таки количество едущих,
которые проходят через шлюзы Вернигерод-Тале,
к танцевальной площадке ведьм. Это начало.
Как же быть дальше? Жажда власти - многое,
что кажется взгляду и все еще в определенные даты.
Этот вопрос - как слабое сияние в «Бильде», -
огромная темнота между строк в новой Германии. -
Что нам остается делать?
И у нас нет готовых рецептов,
Только слова, переполненные скорбью: «Это
моя страна, это я вижу - и никакой мир меня не
утешит»,

Wolfgang Rischer

Die deutsche Frage

für Volker Braun im anderen Teil

Hier, wo ich gehe, Grenzgänger für einen Tag
in den (immerhin) gestatteten Zonen deines Lands
(Deutschlands) wo ich sehe wie du
taubengrau gegen den Himmel den Brocken
geheimnisvoll offenbar / über der erstaunten Welt (Goethe)
befallen von Elektronik & fern, unbesteigbar
gleichermaßen für dich wie für mich – hier
schwebt sie über mir, wolkig & greifbar nah
doch unbegriffen von vielen, diese
unsere Frage. Wie wenig bewegt sich trotz allem
darin, wo sind die Gedanken; ein Luftzug wenigstens
in dieser stickigen deutsch-deutschen Enge – zwar
wächst, immerhin, der Strom der Reisenden, der
die Schleusen passiert nach Wernigerode Thale
zum Hexentanzplatz, das ist ein Anfang, doch
wie nun weiter? Machtdenken, das vieles, den Blick auch
verstellt. Immer noch (an gewissen Tagen) diese
Frage nichts als ein Wetterleuchten
in BILD, ein großes Dunkel zwischen den Zeilen im
NEUEN DEUTSCHLAND. Was bleibt uns
zu tun, die auch wir nicht Rezepte
vorweisen, sondern Worte randvoll Trauer *(Das
ist mein Land, das sehe ich: und keine Welt
tröstet mich* les ich bei dir). Was
bleibt uns zu tun als zu reden, zu schreiben, einer
in des anderen Sprache, ehe sich
unsere Wörter auseinanderleben, ehe sie
Schmetterlingspuppen gleichen, äußerlich
zum Verwechseln, doch was in ihnen zuckt schon

– читаю я у тебя. Что нам остается делать,
как не говорить, не писать
на языке друг друга?
Пока хоть наши слова не звучат по-иному. Пока
они еще похожи на куколок бабочек, они близнецы.
Но что в них живет, – это уже разное.
Например, как ванесса и моль.
Здесь, в Росттраппе, на высокой скале, когда
солнце уже садится, я знаю
эти таинства простейшей правды, –
поэзию легенд. И вижу нас:
каждый занят в своей стране своею жизнью,
невысказанной между строчек стихотворений,
пронизанной неуверенной надеждой.

Перевод А. Машкары

unterscheidbar wie Tagpfauenauge & Kleiner Fuchs –
hier an der Roßtrappe auf felsiger Warte
im Schräglicht der Nachmittagssonne weiß ich
um die Gemeinsamkeit einfacher Wahrheiten, die
Poesie einer Sage & seh uns
jeder für sich beschäftigt in seinem Land seinem Leben
mit dem unmerklichen Schweben der
Sprache in den Gedichten, hinüber herüber
erfüllt von zögernder
Hoffnung.

Вольфганг Ришер

ПУТЕШЕСТВИЕ ВО ВРЕМЕНИ

В этой серой стране,
в которой действительно я пребываю,
булыжная мостовая средневековья
граничит с асфальтом горбатым,
где пританцовывают машины,
где кучи золы пред домами
разъедают легкие дымом:
здесь воспоминания наши,
где осыпалась краска, отвалилась штукатурка,
где зияют пещерами окна домов пожилых.
Это страшные игры воспоминаний детства –
(догонялки в развалинах,
острый запах прокисших огурцов и кислой капусты
из дверей маленького магазинчика,
а дальше – огнеупорная стена воспоминаний –
и нет больше слов) – двойное виденье
параллельного мира не увязывается друг с другом.
Но в детство ведут все пути.
Мне кажется, что я иду по своим следам,
я отгорожен памятью от действительности
стеклянным колпаком.
И только, когда я смотрю
в лица прохожих, то чувствую,
как их нечаянные радости
легко касаются и меня,
но я подозреваю,
что их мысли так же далеко
где-то в будущем.

Перевод Т. Олейниковой

Zeitreise

in ein graues Land, in welcher
Wirklichkeit bin ich angekommen –
Kopfsteinpflaster, buckliger Asphalt
läßt den Wagen tanzen
Briketts an der Straße Braun-
kohle schwefelt die Lungen
: Unsre Erinnerungen sind an die
Dinge gebunden, hier blättert Farbe fällt
Putz gähnen Fensterhöhlen, lustvoller
Schrecken der Kindertage (verrannt in die
Trümmerspiele & dann
vertraut der Geruch nach Essig-
gurken und Sauerkraut im winzigen Laden
wie hier, („Brandmauer“ & andere
Wörter werden wach) doch der Doppelblick
will nicht gelingen, alle Wege führn
in die Kindheit, mag sein, wieder
bin ich für Momente nur
mir selbst auf der Spur
mein Erinnern stülpt eine Glasglocke
über diese Wirklichkeit & erst wenn ich
in die Gesichter der Passanten blicke, eine
unsichere Freude teilt sich mir mit &
in den Köpfen vermute ich
Gedankenreisen
gerichtet
in die Zukunft

Гернот Бишофф

ПРАГА-84

Лишь окрасит осень в злато
Листья сада, город - в прах ...
Я в душе несу утрату,
Одиночество и страх:

Где вы, Моцарт, Верфель, Рильке,
Парлер, Кафка, Карл и Киш? -
Я следы друзей великих
Здесь ищу. Где их таишь,

Чехия? В твоих фасадах
Вспыхнет прежний блеск и свет, -
Но погасит их досада
На вражды взаимной след.

Я молю тебя, о Боже!
Вновь семью соедини
Трех народов! Ты ведь можешь
Взять их под крыла свои.

Ухожу с твоих развалин,
Прага ... Я домой иду.
На могилу Кафки камень
С болью и тоской кладу.

Перевод Т. Олейниковой

Gernot Bischoff

Prag 84

Wenn das Herbstlaub färbt die Gärten
um die vormals Goldne Stadt,
sucht ein Deutscher die Gefährten,
die er hier verloren hat.

Mozart sucht er, Werfel, Rilke,
Parler, Kafka, Karl und Kisch.
Daß man ihre Namen tilge,
wär selbst Tschechen hinderlich.

Zwischen bröckelnden Fassaden
findet er vergangne Pracht
und die Spur von Greueltaten,
wechselseitig beigebracht.

Ach, die Chance ist vergeben,
daß drei Völker friedlich hier
in einem Staat zusammenleben
wie in der Schweiz doch deren vier!

Von des Hradschins hoher Mauer
schau ich auf die Stadt hinab,
und ich lege voller Trauer
einen Stein auf Kafkas Grab.

Гернот Бишофф

БЕРЛИН-75

По Главной улице
Рука в руке
Идем беспечно.
Мир разделен
Судьбой. Стеной.
Стена, ты вечна? ...
Шуршит листва
И гордый вид
Фасадов в лужах.
И часовые у Ворот
Стоят, не тужат, -
они - как будто на века -
Как изваянья -
Всем видом
Будто говорят:
- Стоять! Вниманье! -
Но здесь История сама -
Она нас учит,
Что слава трех былых вождей
Ногами сучит! ...
У этих лип,
Прекрасных лип
К вам недоверье,
К вам - трем вождям:
Адольф, Вильгельм,
А так же - Эрих.

Berlin 1975

Unter den Linden
Hand in Hand –
ein Weg ohne Ziel.
Zwischen den Welten:
ein Tor und – die Mauer.
Fallende Blätter, in
Pfützen der Schimmer
stolzer Fassaden
und Posten die melden:
Achtung: Kontakt!
Um uns Geschichte:
Im Stechschritt verhallt
neben den Linden
die Gloria
Wilhelms, Adolfs und
Erichs.

Вольфганг Ришер

МЕСТОПРЕБЫВАНИЕ

Так встречает нас город,
Где ветер декабрьский кружит
И грохочет по крышам
Меня приютившего Лейпцига
Среди добрых друзей,
Что читают стихи от души,
Позабыв про промозглость
И сырость туманного вечера.

И колеблются дни
От идущих великих снегов.
Там услада одна,
Где рождается суть в разговоре,
Где тепло от печей изразцовых
и дивных стихов,
Где рождается ясность
В еще неоконченном споре.

Перевод А. Машкары

Aufenthalt

So empfing uns die Stadt
: Der Dezemberwind fuhr
um die maroden Dächer von Leipzig
unter denen wir Aufnahme fanden
bei Freunden, die
in diesen Gebäuden &
in Gedichten zuhaus sind

Schneeregen draußen & die
Aussichten trübe, die Tage auf
des Messers Schneide zit-
terten noch nach, aber
von den Gesprächen ging &
den hohen Kachelöfen eine Wärme aus, die
an Gewißheit grenzte

Вольфганг Ришер

КВЕДЛИНБУРГ - ПАНОРАМА

Этот храм, этот замок-музей -
не имеет цены,
каждый булыжник Шенкассе пропитан историей.
И все чудится мне,
что все так же стоит у кормушки для птиц
Генрих-птичник - надменный и странный король.
«Жемчугом ярким горит и сверкает заря», -
так говорится в старой балладе.
Время и стили смешались здесь -
абстракции 1911 года
мастера стеклянной геометрии Фейнингера,
споткнувшись о булыжник истории,
попали зачем-то в наше время.
Здесь я слышу Клопштока стихи,
они звучат отовсюду, а особенно из дома,
где он родился - из музейной тиши.
«Родина! Сколько боли и ран!
Только время все это излечит ...»
Но шрамы повсюду видны.
Все ветшает, приходит в упадок.
И от мусорного контейнера,
что стоит рядом с храмом,
поднимается едкий дым
в холодное небо ...
Я смотрю на угли, где наше прошлое тлеет.
Жаль, что наше прошлое не спасает никто.
Да и помощь бесполезна.
Это новое время жестокие краски кладет
на камни истории.

Перевод А. Машкары

Quedlinburg, Weitwinkel

Über allem
: Stiftskirche & Schloßmuseum. Auf
Katzenkopfpflaster läufst du hinan
der Historie nach, Schenkgasse
König Heinrich am Finkenherd („*aus*
tausend Perlen blinkt und blitzt / der
Morgenröte Glut" * schöner Widerschein
einer Sage) nebenan Feiningers gläserne
Geometrien aber auch
frühe Gestalten von 1911 als
stolperten sie auf eben diesem
Holperpflaster aus ihrer Geschichte
grad in die unsrige –
„*Ach mein Vaterland! Viel sind der*
Schmerzen; doch lindert ..."
Klopstock, hier deine fernen Verse im Ohr
in deinem Geburtshaus, Museum jetzt
„*sie die heilende Zeit, und sie bluten nicht mehr*" **
doch noch sind die Wunden sichtbar allerorts
noch Verfall, neben der Marktkirche steigt
beißender Rauch aus dem Aschencontainer in
den frosthellen Winterhimmel, die
Vergangenheit schwelt nicht nur
hier ist guter Rat teuer, aber die Stadt
legt da & dort
frische Farben an

---

* Zitat aus der Ballade „Heinrich der Vogler" von Johann Nepomuk Vogl, bekannt durch die Vertonung von Carl Loewe

** Zitat aus Friedrich Klopstocks Ode „Sie und nicht Wir" (1790)

***

И солнце в тучах не померкло,
И гром не грянул в небесах,
Когда в селе ломали церковь
У всей округи на глазах.

На битых стеклах гасли блики,
Старухи плакали, шепча.
Глядели свергнутые лики
Из-под обломков кирпича.

В глухом бору кричали птицы,
Как будто знали наперед,
Что с нами в будущем случится
И после нас произойдет ...

Die Sonne hüllte sich

Die Sonne hüllte sich nicht in Wolken,
und der Donner wütete nicht in den Himmeln,
als man im Dorfe die Kirche zerstörte
vor den Augen aller rundum lebenden Menschen.

Auf den zerbrochenen Fenstern brach sich kein Glanz,
alte Frauen flüsterten, weinten.
Und die Bilder der Heiligen blickten
unter den Ziegelsteintrümmern hervor.

Doch die Vögel schrieen's im Walde,
als hätten sie's vorher gewußt,
was in der Zukunft mit uns geschieht
und was einmal nach uns sein wird.

***

Как со стен глядит красиво
И приветливо вожди ...
Не прощай меня, Россия,
За кислотные дожди.

Не прощай за всё на свете.
В том повинна голова,
Что на грядке сохнут плети
И скукожилась листва.

Как моральные калеки,
Без царя живем во лбу.
Дети атомного века –
Всё мы видели в гробу.

Слышь! – опять заморосили
Те ужасные дожди,
А на них глядят красиво
И приветливо воджи ...

Nach Tschernobyl

Wie blicken die Führer vertrauensvoll
Von den Wänden herab allerwegen ...!
Rußland, vergib mir in deinem Groll:
Nicht den strahlenden Regen!

Vergib mir nichts, ach, verworren
Kann die Schuld ich nur stammeln,
Daß die Ranken im Beete verdorren
Und alle Blätter vergammeln.

Als moralische Zwerge
Leben wir ohne Gehirn,
Legen die Zukunft in Särge,
Das Mal des Atoms auf der Stirn.

Hör nur! Es tröpfeln wieder wie toll
Herab diese Wahnsinnsregen.
Und es blicken die Führer vertrauensvoll
Auf sie herab allerwegen ...

***

На цветение - дождь, на налив - будет сушь,
Что за место такое - Россия?
На взросление душ - беспросветная глушь,
На ушедшее время - Мессия.
На цветение сил - вдруг такой снегопад,
Что смешались навек две метели.
На незрелую совесть - чернобыльский град.
Воск лежит на больничной постели.
А на душу, наполненную до краев
Сожалением и состраданьем, -
Пролетающий мимо преступных голов
Божий гром с высоты Мирозданья.

Tschernobyl

In die Blüte fällt Regen, in die Ernte die Dürre.
Was für ein Land nur ist Rußland!
Für die kindliche Seele – nur Öde,
Seligkeit den vorher Geborenen.
In das Aufblühn der Kräfte – plötzlich der Schneefall.
Schnee in Schnee, für immer vermengt?
Auf das kindlich' Gewissen – der Hagel von Tschernobyl,
Wachsgestalten im Krankenbett ...,
und auf die Seele, gefüllt mit Reue und Mitleid,
fällt – an den schuldigen Häuptern vorbei –
der Donnerschlag Gottes aus der Höhe des Weltalls.

***

Когда выходит ель в ночное небо -
то облака взрываются и тают.
И только небыль, только злая небыль
о власти над любовию мечтает.

Какой позор: расти и чаять Бога -
и дьяволу дарить свои творенья.
Безбожный стыд: случайно и убого
сжигать в огне высокие растенья.

Прости, судьба. Я знаю наказанье:
в момент созданья обрести такое,
что даже предыдущие страданья
покажутся приютом и покоем.

Wenn in nächtlicher ...

Wenn in nächtlicher lohe fichten verbrennen,
explodieren und schmelzen die wolken,
nur die lüge, die klägliche lüge
träumt von der herrschaft über die liebe.

Welch eine schande, Gott spüren, gedeihen
und doch dem teufel die schöpfung verschenken!
gottlose scham: im feuer gewissenlos
die hohen und edlen pflanzen verbrennen!

Vergib es mir, schicksal. ich kenne die strafe:
im momente der schöpfung erfahren,
daß sogar die leiden des chaos
mir als ruhe und zuflucht erscheinen!

МОЛИТВА

Родина,
Сына прости –
Слабого духом, –
Трижды он верил
И трижды
От веры своей отступался.
Зрением слаб был.
Неладно бывало со слухом.
Вот оттого
В дураках
Каждый раз оставался.

Все принимал он –
По высшему счету –
На веру.
Малый ребенок
Совсем одичалой страны.
И подводили его
Постепенно
Под высшую меру –
Было видней им,
Высоким и правым, –
Со стороны.

Родина!
Сына прости,
Слабого духом и телом, –
За то, что не умер,

Gebet

Vaterland,
vergib dem Sohn,
dem treuen!
Dreimal hat er geglaubt
und dreimal
sich von seinem Glauben losgesagt.
Er hat schlecht gesehen
und auch nicht gut gehört.
Zum Narren
haben sie ihn
deshalb gehalten

Allen hat er
naiv
geglaubt.
Gutgläubiges Kind
eines verkommenen Landes!
Und unaufhaltsam dafür
wird er
zur Höchststrafe
verurteilt.
Sie konnten besser sehen,
die Höheren, die Gerechten.

Vaterland,
vergib dem Sohn,
dem schwachen und willenlosen,
daß er nicht gefallen ist,
sondern die Feuerprobe des Krieges
bestanden hat.

А вживе прошел
Сквозь горнило войны.
Он доказал тебе
Преданность словом и делом.
Он виноват,
Ну, а кто ж на Руси
Без вины? ...
Он виноват был –
Но только виною слепого.
Нем был к тому ж!
Но и это –
Его ли вина?!

Ты приравняй его
К духу такого святого, –
Чтоб на него помолилась
Родная страна.

Er hat dir seine Treue
mit Wort und Tat
bewiesen.

Nun ist er schuld.
Aber wer ist nicht schuld
in Rußland?

Er ist schuld,
wie ein Blinder schuld sein kann,
und stumm war er auch.
Aber ist das seine Schuld?
Mach ihn den Bildern der Heiligen gleich,
daß die Heimat andächtig vor ihm stehe!

ИВАН ДА МАРЬЯ

Она поправляет платок
То и дело
И прикрывает седые виски.
- Бабушка Марья!
За что ты сидела?
- За колоски.
За колоски.

Выйти на лавку
Осталось и дел-то ...
Тусклы глаза
И ввалившийся рот ...
- Дедушка Ваня,
За что же сидел ты?
- За анекдот.
За анекдот ...

Знаю, милок,
Что не здесь поседел ты,
Знаю, что ты -
Не бродяга, не вор ...
Эх, не пойму я,
За что же сидел ты?
- За разговор.
За разговор.

Alexander Maschkara

Iwan und Marja

„Mütterchen Marja, wofür saßt du?“
(im Gefängnis oder Lager)
Verlegen streift sie ihr Tuch über’s brüchige Haar:
„Ich sammelte Korn auf dem Feld,
ich sammelte Korn.“

„Väterchen Iwan, sag, wofür saßt du?“
Ich fragte ihn auf der Bank vor dem Haus,
matt seine Augen und zahnlos der Mund:
„Für einen politischen Witz,
für einen Witz.“

„Was ist mit dir, Kamerad? Woher dein Verständnis?
Du bist doch kein Dieb! Sag, wofür saßt d u ?
„Weil ich zu allem nicht schwieg,
weil ich nicht schwieg!“

Гернот Бишофф

ПОЭТ И ПРАВА ЧЕЛОВЕКА

(или: как работала цензура в ГДР)

I

Я – писатель, и я – человек честный.
Я буду упорно отстаивать человеческое достоинство,
не лгать, защищать права,
а не посягать на безопасность и свободу личности,
никогда не перестану бойкотировать запреты
и бороться против злоупотреблений власти и цензуры.

II

Я – писатель, и я .... честный.
Я буду .... отстаивать человеческое достоинство
не лгать, защищать ....
а не посягать на безопасность .... личности,
.... не перестану бойкотировать ....
и бороться против злоупотреблений .... цензуры.

III

.... писатель .... я ....
Я буду ....
лгать, защищать ....
а не ....
....
.. бороться против .... цензуры.

IV

.... я ....
...... буду ....
лгать ....
а не ....
....
...... бороться ....

Перевод Е. Олейниковой

Gernot Bischoff

Der Dichter und die Menschenrechte

(oder: Die beharrliche Arbeit der Zensur in der DDR)

I

Schriftsteller wie ich sind ehrlich,
unbeugsam werde ich für die Menschenwürde einstehen,
niemals lügen, das Recht verteidigen,
die Sicherheit und Freiheit der Person
nicht antasten, auch Unfreiheit ächten,
ja, bekämpfen Machtmißbrauch und Zensur.

II

Schriftsteller wie ich sind ......
unbeugsam, werde .... für ... Menschenrechte einstehen,
niemals lügen, ... Recht verteidigen,
.... Sicherheit und Freiheit der Person
nicht antasten, ... Unfreiheit ächten,
.... bekämpfen Machtmißbrauch und Zensur.

III

Schriftsteller! ... Ich ... .
.... werde ... für ... Menschenrechte .....
..... lügen, ... verteidigen
... Sicherheit und ....
nicht .... Unfreiheit ....
.... bekämpfen ..... und Zensur.

IV

.... Ich ....
.... werde ....
...... lügen ....
.... und ....
nicht ....
.... .. kämpfen ....

Гернот Бишофф

ЯЩИК ПАНДОРЫ (1975)

В начале своего великого пути,
Зачем-то роясь под кустами в чаще,
Ильич нашел - и как тут не найти? ... -
Сам Бог послал Пандоры ящик.
Был ящик тот потерт и неказист
От частого, видать, употребленья, -
Но Ленин, как достойный коммунист,
Нашел своей находке примененье.
Итак, открыл он ящик ... Ведь известно -
Открытый ларчик - лучше, чем закрытый ...
Придется быть в повествованьи честным:
Историей сей факт, увы, забытый -
Открыл, извлек из ящика он Нечто,
Что абрисом своим напоминало
То ль броневик, то ль мавзолей ... Конечно,
То было революции начало ...
И сразу стало Ленину известно,
Что пролетариям нужна - борьба ...
При умных людях, право, неуместно
Сказать - какая нас ждала судьба. -
Не жизнь - не смерть. Меж кривдой и неправдой.
Гибрид из «Мерседеса» и забора -
Людские души - ящики Пандоры ...
И вот свершилось. Ленин стал вождем.
К чему повествование ведем?
К морали: не ходи другой дорогой.
Кто был никем, останется ни с чем.
А что нас ждет, - известно только Богу ...

Перевод М. Машкары

Die Büchse der Pandora (1975)

Auf seinem Weg zum Revolutionär
fand Lenin einst in einem Strauch
die Büchse der Pandora,
die, unansehnlich, ramponiert,
weil früher schon gelüftet,
ihm dennoch öffnenswert erschien.
Und so entkorkt' er sie
und schüttelt' von dem Grund
zum eigenen Gebrauch den schlimmen Geist,
der dort geschlafen hat.
„Was tun?" sprach Lenin, und er
schuf den Menschen, der die Zukunft kennt,
den Revolutionär, der im ZK,
dem sozialistischen Olymp,
hoch über dem Parteivolk thront
und von den Proletariern weiß,
was diese alle w i r k l i c h wollen.
Er schuf den kleinen Unterschied,
der auf dem Weg zum Kommunismus
zwischen Können und Nicht-Dürfen klafft
wie zwischen Volvo oder Trabi.
Die auf der Erde wissen nicht
die Zukunft, sie haben nicht
den Geist , den Lenin aus der
Büchse seinen Kadern lieh.
Sie warten, daß die Staatsmacht ende.
Doch wann? Doch wie? Sie wissen's nicht.
Das wissen nur die Götter.

Гернот Бишофф

ПОСЛЕСЛОВИЕ К «ПАНДОРЕ» (1977)

Меж поэтов разговоры
В доме частном и приличном.
Там стихи, вино и споры –
Ненормально, но привычно ...

Но один стукач отметил
То, как я читал «Пандору»,
И крамольность разговоров ...
Даже то, что день был светел.

Описал он все – старался.
(Правда, это все – не ново ...)
Я уехал. Он остался.
Но мое осталось *слово.*

Перевод М. Машкары

Nachwort zu Pandora (1977)

Im Gespräch mit Literaten
in einem privaten Haus –
was normal ist anzuraten –
tauschten wir Gedichte aus.

Ja, ein Stieglitz hatt's erfahren,
daß ich die „Pandora" las.
Und gezählt die Stunden waren,
daß ich unter Freunden saß.

Manche haben's abgeschrieben,
als ich selber schon weit fort.
Nur die Verse sind geblieben
bei den Freunden, nur mein Wort.

Вольфганг Ришер

ГЛАСНОСТЬ

«Правда – это то, что должно
было быть и что будет
завтра»

Солженицын «Раковый корпус»

Правда
и то как она
начинает расти
в сетях лжи

и как убогие хирурги
все еще надеются
успеть вырезать
ее вовремя:

и что про это
уже знают
идущие от нее
метастазы.

Перевод А.Машкары

Wolfgang Rischer

Glasnost

Wahrheit ist das, was sein müßte,
was morgen sein wird.

Solschenizyn, Krebsstation

Die Wahrheit, & wie sie
zu wachsen beginnt
in dem Lügengewebe

Die immer noch glauben
sie herausschneiden zu können
armselige Chirurgen
: Was wissen die schon
von deren
Metastasen

Вольфганг Ришер

ПОСЫЛКА ИЗ МАРКРАНШТЕДТА

(после открытия границы)

Я впервые увидел
Так тщательно
Перевязанную посылку
С множеством
Искусных узлов ...
Что это? –
Все еще
Боязнь почтовой цензуры?
Или обычная аккуратность?
Желание – чтобы посылка
С твоими книгами
Непременно дошла до адресата? ...
Я ее осторожно распаковываю,
Потом внимательно читаю твои стихи
И вижу, как тщательно
И изысканно
Ты, мой милый поэт,
Вяжешь узлы
Своих строк и мыслей ...

Перевод А. Машкары

Wolfgang Rischer

Paket aus Markranstädt

(nach der Öffnung der Grenzen) für R. G.

Noch nie sah ich so viele
Knoten, als sei es
nötig, zensierendem Zugriff zu
wehren noch immer oder
verständliche Vorsicht (die Bind-
fäden sind noch die alten) –
aufschnürend sorgsam das
Paket, das deine Bücher
enthält, deine Gedichte lesend
aufmerksam, weiß ich jetzt, wie
& wie kunstvoll, Poet, du
deine Knoten schürzt

ДОСТИГНУТЫЕ ПЕРЕМЕНЫ - СБЫВШИЕСЯ НАДЕЖДЫ?

ERREICHTE WENDE –
ERFÜLLTE HOFFNUNG?

Гернот Бишофф

КВЕДЛИНБУРГ - 1990

Эта желтая пыль скрипит
на щербатых ступенях, как на зубах.
На старинных домах словно поставлен крест -
рана в башне зияет,
то кровоточит страх:
ГДР сорок лет.

Эти голые улицы, -
в них былая Культура, -
и над всем этим
в сернистом дыме и миражах развалин -
словно Роланд гордый -
высокий собор Кведлинбурга.
В опустевшей могиле,
где прежде был кайзер,
и в нише глубокой
лишь паук бездуховности старой.
Но есть надежда,
что новое время настанет!

Перевод Т. Олейниковой

Gernot Bischoff

Quedlinburg 1990

Gelber Sandstaub auf den Klippen.
Hinter ausgebroch'nen Treppen –
Fachwerkhäuser halb zerfall'n –
Wunde klafft im Schreckturm:
40 Jahre DDR.

Kahl gefräste Straßenzüge –
unvergessene Kultur –
Zwischen Schwefelrauch und Trümmern
aufrecht nur der Roland in dem Smog.
Hoch der Dom von Quedlinburg.
Leer das Grab des Kaisers.
In der Apsis Spuren alten Ungeists
und die neue Hoffnung –
kurz vor 12!

Гернот Бишофф

УБЕРИТЕ СТЕНЫ!

Уберите же стены,
Что стали в Германии болью!
Уберите же стены,
Что нас разделяют с тобою!

Уберите же стены,
Что стали насильем и мукой,
И мы станем людьми,
Что навеки забыли разлуку!

Уберите же стены, –
Так кричат кровь и совесть моя.
О, Германия милая!
Мы единой семьи сыновья.

Нам не надо по цвету
И по расам народы делить!
Дайте руки друг другу,
Будем мы о любви говорить!

Прогоните насилье!
Прочь границы неверья и зла!
Мир вам, братья мои,
Счастья вам и любви, и тепла!

Перевод Т. Олейниковой

Gernot Bischoff

Reißt die Mauern ein!

Reißt die Mauern ein,
die uns Deutsche trennen!
Laßt uns Menschen sein,
die sich selbst erkennen,

die nach Zwang und Schmerz
zueinander finden
und im eig'nen Herz
Trennung überwinden!

Reißt die Mauern ein,
die uns Völker trennen!
Wollen Freunde sein
und uns Brüder nennen!

Fragt im Rund der Welt
nicht nach Völkern, Rassen!
Laßt uns, wenn's gefällt,
an den Händen fassen!

Ächtet die Gewalt!
Laßt die Mauern fallen!
Gebt der Welt Gestalt!
Friede mit uns allen!

КОЛОКОЛА РУСИ

Молчат колокола.
Забыта песнь Руси.
Немеют в тишине
Малиновые звоны.
Кто вспомянет Русь
Перед амвоном?
Какой звонарь
Россию воскресит? ...
Не колоколят звоны
Колоколен ...
И где-то там,
Над церковью, поет
И отдается
В тишине околиц:
– Убьет меня
Молчание мое ...
До звонарей ли нам –
Забытых и больных,
Оглохших в тишине,
Молящихся на зори? ...
Есть правнуки,
Есть внуки и сыны, –
Но одиночество
В печальном взоре.
Встречая день,
Дрожащая рука
Положит крест ...
И будет много света.

Die Glocken Rußlands

Es schweigen die Glocken,
vergessen ihr Klang!
Ich stehe erschrocken:
verstummt der Gesang:
Mütterchen Rußland,
wer betet dich an?
Wo bleibt der Glöckner,
der rettende Mann?

Und schlägt wer die Glocken –
nur Disharmonie!
Ich stehe erschrocken.
Die Chormelodie
über den Kirchen –
ein dröhnender Hall.
Nur Schweigen und Leere
zum tödlichen Fall.

Das Glockengedröhne,
wie fallendes Laub.
Daß Enkel und Söhne
sterben nicht taub!
Röte der Sonne
am Morgen verkünde
das Ende des Todes
und unserer Sünde!

И серебро седин
У старика,
Как бы шутя,
Взъерошит ветер ...
Россия, пой
До алого рассвета!
Россия, жги
В лучах колокола! ...
И Русь молилась,
Пела и жила,
И жгла колокола
По белу свету! ...
Взойдет заря.
Пресветлым будет день,
Промчится ветер,
Словно витязь конный ...
Старик, не плачь,
Забудь обиду, дед ...
И помолись
На отзвук колокольный ...

Молчание
Крылами разведет
И словно птица,
Вдруг перо уронит.
И только в вышине
На нет сойдет
Щемяще-одинокий
Крик вороний ...

Bekreuz'ge dich zitternd,
o hab doch den Mut!
Den Morgen erwitternd
und himmlisches Gut.
Wind weht mit Stärke
durch silbernes Haar:
Ostern wird kommen.
O Licht, wunderbar!

Singt bis zum Morgen
der Hoffnung Gesang!
Tilgt eure Sorgen
in dröhnendem Klang!
Mütterchen Rußland,
laß, wenn's gefällt,
erklingen die Glocken
in alle Welt.

Rußland, gesungen,
gebetet, gelebt,
die Glocken erklungen!
Die Feder, sie schwebt,
sinkt leise zu Boden,
vom Geier der Schrei.
Der Schmerz vom Karfreitag,
auch er geht vorbei.

ДРУЗЬЯМ

Ты поешь, он поет, я пою ...
Ах, какие мы песни певали! -
Нас послушать, - так и соловью
Не уступим! Да нас не слыхали.

Что поделать? Пока набело
Не написаны черные знаки, -
Чтобы белому свету бумаги
Стало, как и земному, тепло ...

Ничего - что стоим на краю! ...
Под крылами великой метели
Мы взлетим - мы уже полетели! ...
Ты поешь. Он поет. Я пою.

Tanja Olejnikowa

An die Freunde

Ich sang – du sangst – er sang ...
Ach, was sangen wir Lieder!
Hätte man uns gehört, die Nachtigall
brauchten wir nicht zu scheuen.
Aber man hörte uns nicht.

Was sollte man tun? Bis es
nicht schwarz auf weiß zu lesen war,
bis man das weiße Licht des Papiers
nicht als Wärme des irdischen Lichtes
geschenkt bekam ...

Ach, es tat nichts, daß wir am Rande standen!
Unter den Flügeln des großen Schneesturms
werden wir uns erheben. – Wir fliegen ja schon und:
Ich singe – du singst – er singt!

СПАСИ СЕБЯ, ЧЕЛОВЕЧЕ ...

Спаси себя, человече!
Сыне родимый, спаси ...
Чтоб реки текли, а не речи
По нашей великой Руси.

Чтоб выросли малые детки
И видели небо в реке, –
Чтоб яблоки падали с ветки –
И падали невдалеке.

Чтоб – где бы ты не жил и не был, –
Ты землю и видел и знал,
Чтоб вечное золото хлеба
Ты хлебушком называл.

Спаси себя, человече ...
Сыне родимый, спаси! ...
Чтоб реки текли, а не речи
По нашей великой Руси! ...

Rette dich

Rette dich, Mensch!
Rette dich, Sohn!
Laß Flüsse strömen, nicht Reden
durch unser großes Rußland!

Laß Kinder wachsen
und sie den Himmel im Fluß sehn.
Laß die Äpfel vom Apfelbaum fallen
unweit vom Stamm!
Laß dich, egal wo du lebst oder bist,
des einfachen Lebens erinnern
und kennen den Wert goldnen Brotes.

Rette dich, Mensch!
Rette dich Sohn!
Laß Flüsse strömen, nicht Reden
durch unser großes Rußland!

Вольфганг Ришер

ВЕРНИГЕРОДЕ, СЕРДЦЕВИНА ГОРОДА

Этот город моей памяти,
но это не совсем тот город.
Ратуша с готическим шпилем
упирается в небо.
А вот и колодец.
Все сохранилось.
Господи, мы стремились, чтобы нас поскорее
допустили к рынку, но это тогда,
когда наши деньги еще что-то стоили ...
И вот мы дорвались до него.
Наши гостиницы теперь выглядят
не хуже, чем во всем мире.
За углом витрина мясного магазина -
«Закрыто на ремонт»,
и фасады сияют рекламой!
Но не только фасады.
То, что я вижу сейчас,
я не могу соединить с тем,
что я помню.
Все такое знакомое и незнакомое.
И многие имена уже исчезают с названий улиц.
На свалку выброшено все, что хранит моя память.
Я вижу, как душа у людей обеднела -
и у всех только мысль - нахапать побольше.
Но действительность еще ужасней, -
Этот мир отражается в кривых зеркалах дня.
Особенно страшно за старых и молодых,
Которые смотрят только на Запад,
На старые и уже не нужные автомобили.

Перевод А. Машкары

Wernigerode, Weichbild

Dies ist die Stadt in meinem Kopf
& ist es nicht.
Gewiß, das Rathaus (spätgotisch) das
Schloß gegen den Himmel, der Brunnen
: Alles ist da.
Doch auf dem Markt
wo wir auf Einlaß warteten
(einst, weißt du noch, die heimliche
harte Währung, der bestellte Tisch)
unter der frischen Haut des Hotels jetzt
durch die Halle zieht Allerweltshauch.
Um die Ecke
das Schaufenster des Fleischers ist
erblindet („Wegen Geschäftsübergabe
wird renoviert") – überall Anfänge.
Fassaden leuchten, aber
das ist Fassade
Der Augenschein widerlegt die inneren
Bilder & stützt sie. Namen fielen
aus Straßenschildern, Schuttcontainer
entlasten das Gedächtnis
der Konsum höhlt.
Die wirklichen Veränderungen reichen tiefer.
Der Tag ist der Zerrspiegel ihrer Ängste
für die Alten
& die Jungen in der Fußgängerzone, hastiger
scheint es mir, ihre Schritte
hin zum geparkten
Westblech

Татьяна Огурцова

ДОБРЫЙ

У одного человека был большой и теплый дом. А зима стояла лютая.

В дверь постучался озябший друг. И Добрый впустил его и заботился о нем.

Под окна пришла чужая собака. Она переступала с лапы на лапу, скуля от боли и отчаянья - такой был холод. И Добрый впустил ее и заботился о ней.

Прилетел воробей. Сел на ветку березы. Пытался чирикать. Из клюва - пар и тихое хрипение. Воробей был простужен. И Добрый впустил его и заботился о нем.

А ночью затрещал от мороза березовый ствол. И Добрый привел березу в дом и заботился о ней.

Потом началась метель. Она с плачем билась о стены теплого дома. И, изнемогая от жалости, Добрый распахнул перед метелью дверь.

И в доме стало так же холодно, как в снежном ночном поле.

Tatjana Ogurzowa

Ein barmherziger Mensch

Ein barmherziger Mensch hatte ein großes und warmes Haus. Es herrschte aber ein grimmiger Winter.

An die Tür klopfte ein frierender Freund, der barmherzige Mensch ließ ihn ein und sorgte für ihn.

Ein fremder Hund kam unter die Fenster. Er trat von einer Pfote auf die andere und winselte vor Schmerz und Verzweiflung – so kalt war es. Und der Barmherzige ließ ihn ein und sorgte für ihn.

Dann kam ein Spatz geflogen, setzte sich auf einen Birkenzweig und versuchte zu tschilpen. Aber aus seinem Schnabel kam nur Dampf und ein leises Zischen. Der Spatz war erkältet. Der Barmherzige ließ ihn ein und sorgte für ihn.

Des Nachts fing der Birkenstamm an zu ächzen, weil der Frost so stark war. Da nahm der Barmherzige die Birke ins Haus und sorgte für sie.

Der Schneesturm fing an und schlug heulend an die Wände des warmen Hauses. Der gute Mensch verging vor Mitleid, und er machte dem Schneesturm die Tür auf.

Da wurde es im Hause ebenso kalt wie auf dem nächtlichen Schneefeld.

Бишофф, Гернот родился в 1933 году в Песнеке. Юность в ГДР, побег, изучение германистики во Франкфурте-на-Майне. С 1963 г. - учитель в гимназии в Зальцгиттер-Баде. С 1972 г. - театральная работа, с 1991 г. - лектор музыкально-литературной рабочей группы „Брауншвейгский Ландшафт". Автор книги „Две половинки камня (1990 г., изд., Ганновер), некоторые театральные пьесы в Вайнхейме. Член писательского союза, соинициатор русско-немецкого альманаха „Другие люди".

Bischoff, Gernot, geb. 1933 in Pößneck/Thür., Jugend in der DDR, Flucht, Germanistikstudium in Frankfurt/Main, seit 1963 Lehrer am Gymnasium Salzgitter-Bad, seit 1972 Theaterarbeit, 1977 Gründung der Theatergruppe SZ-Bad e. V. und des Literaturzirkels des Vereins, seit 1991 Sprecher der Arbeitsgruppe Literatur in der Braunschweigischen Landschaft; Veröffentlichungen im Deutschen Theaterverlag Weinheim, daneben Lyrik und Kurzprosa u.a. in „Zwei halbe Steine", Pegasus Verlagsagentur 1990, Mitglied im VS, Mitinitiator des deutsch-russischen Almanachs.

Котт, Георг Освальд родился в 1931 году в Зальцгиттере. Живет в Брауншвейге. Многолетняя деятельность в Ганноверском университете. Лауреат стипендии в области литературы в 1984 году. Почетный гость виллы Массимо в Риме в 1997 г. Автор радиопьес, критики, и прежде всего - поэтических сборников (1987, 1991, 1993). Некоторые театральные пьесы. Член писательского союза.

Cott, Georg Oswald, geb. 1931 in Salzgitter, lebt als Schriftsteller (Mitglied im VS) in Braunschweig. Studium der Berufspädagogik und der deutschen Sprache, arbeitete als Handwerksmeister und Berufsschullehrer in verschiedenen Orten, u. a. in Afrika, mehrjährige Lehrtätigkeit an der Universität Hannover, verschiedene Auszeichnungen, darunter „Nieders. Künstlerstipendium für Literatur" 1984 und Ehrengast der Villa Massimo in Rom 1997; veröffentlichte Hörspiele, Essays und vor allem Gedichtbände, zuletzt „kreuzbrav", Gedichte 1987, „Wurfholz", Gedichte 1991, „Herzschrittmacher", Gedichte 1993

Душка, Николай родился в 1955 году на Украине. Закончил Харьковский университет. Живет и работает в Старом Осколе. Инженер-программист. Публиковался в коллективных сборниках. Пишет романы, повести, рассказы.

Duschka, Nikolaj, geb. 1955 in der Ukraine. Beendete die Universität in Charkow. Ingenieur. Lebt und arbeitet in Staryj Oskol. Gedruckt in Zeitungen und Zeitschriften sowie in Sammelbänden. Schreibt Romane und Erzählungen.

Эдельгофф, Хильдгунд родилась в 1921 году в Вернигероде-Гарце. 1943 г. диплом библиотекаря в Берлине. С

Edelhoff, Hildgund, geb. 1921 in Wernigerode/Harz. 1939 Abitur, 1943 Diplom als Bibliothekarin in Berlin, Fachstellen-

1982 года - управляющая библиотечным обществом Брауншвейга. Организатор „Литературного стола завсегдатаев“ в Брауншвейге. Автор стихов, прозы.

leiterin für Bibliotheken bei der Bezirksregierung Braunschweig und Organisatorin des „Literarischen Stammtischs“ im Stadtparkrestaurant Braunschweig; Gelegenheitsdichtungen.

Фёрстерлинг, Рейнхард родился в 1948 году в Хальберштадте (ГДР). С 1956 г. живет в Зальцгиттере. По окончанию педучебы - научный сотрудник в городском архиве в Зальцгиттере. Наряду с публикациями по краеведению печатал лирику и короткую прозу в альманахах и антологиях. Сборник стихов и прозы в 1985 г. Член писательского союза.

Försterling, Reinhard, geb. 1948 in Halberstadt (DDR), seit 1956 in der Bundesrepublik Deutschland, Abitur 1966. Arbeit im Baugewerbe, in einer Maschinenfabrik und bei der Bundesbahn. Ab 1978 Studium des Lehramtes. Nach Abschluß der Lehrerprüfung wissenschaftlicher Mitarbeiter im Stadtarchiv Salzgitter. Neben mehreren Publikationen zur Regionalgeschichte Veröffentlichungen von Lyrik und Kurzepik in Zeitungen, Zeitschriften, Anthologien. Einzeltitel: „Kalendarisches“ (Lyrik und Kurzprosa) Hannoversch-Münden 1985. Mitglied im VS.

Гудер, Рудольф родился в 1931 году, изучал педагогику в Брауншвейге. С 1954 года - работа в школе, преподавательская деятельность в Брауншвейгском университете. Издатель журнала „Игра и праздник“. В издательстве „Вайнхейм“ издано 50 театральных пьес для детей и молодёжи. Там же издан сборник стихотворений „Скромные ненормальности“ (1991 г.) Член писательского союза.

Guder, Rudolf, geb. 1931, Studium der Pädagogik in Braunschweig, seit 1954 im Schuldienst, Mitglied im VS, Lehrtätigkeit an der Universität Braunschweig, lebt in Dettum/Kr. Wolfenbüttel, Herausgeber der Zeitschrift „In Sachen Spiel und Feier“ (Höfling Verlag Weinheim) neben zahlreichen spielpädagogischen Veröffentlichungen liegen im Deutschen Theaterverlag Weinheim rund 50 darstellende Spiele von ihm vor, 1991 dort auch Gedichtband „Bescheidene Abnormitäten“.

Хартманн, Андреас родился в 1947 году. Изучал германистику и политологию в Брауншвейге, с 1976 года - режиссер и постановщик Брауншвейгского Нижненемецкого театра. С 1980 года - руководитель сцены. Пишет стихи и рассказы.

Hartmann, Andreas, geb. 1947 in Braunschweig. Studium der Germanistik und Politologie. Seit 1976 Lehrer für Deutsch und Gemeinschaftskunde; gleichfalls seit 1976 Regisseur und Darsteller der Niederdeutschen Bühne Braunschweig, seit 1980 Bühnenleiter, schreibt seit 1988 Gedichte und Kurzgeschichten.

Янссен, Петер родился в 1937 году в Крефельде. Учитель спецшколы в

Janßen, Peter, geb. 1937 in Krefeld, Pädagogikstudium, Sonderschullehrer in Braun-

Брауншвейге. Автор трех книг стихов, воспоминаний (1981, 1983, 1987). Премия за лирику (Бовенден, 1987 г.) Член писательского союза.

schweig, Mitglied im VS, Publikationen: „Der Flügelschlag meiner Unruhe“, Gedichte 1981; „Immer warten wir“, Gedichte 1983; „Maria-Schmolln“, Erinnerungsbilder, 1987; „Im wechselnden Licht“, Lyrische Texte und Fotos, 1987, Lyrikpreis „Zum halben Bogen“, Bovenden 1987.

Леонтьев, Сергей родился в 1957 году в Харькове. Закончил политехнический институт. Живет и работает в Старом Осколе. Публиковался во многих газетах, журналах, коллективных сборниках. Автор двух поэтических книг (1990, 1996). Член СП России.

Leontjew, Sergej, geb. 1957 in Charkow. Ingenieur. Lebt und arbeitet in Staryj Oskol. Literaturstudium in Moskau. Gedruckt in Zeitungen, Zeitschriften und Anthologien. Autor von 2 Büchern Poesie. Mitglied im Russischen Schriftstellerverband.

Литвинов, Юрий родился в 1954 году в Белгороде. Закончил институт кинематографии. Живет и работает в Белгороде. Публиковался во многих газетах, журналах, коллективных сборниках. Пишет стихи, рассказы, сказки для детей, пьесы для кукольного театра, в котором работает.

Litwinow, Jurij, geb. 1954 in Belgorod. Lebt auch dort. Kinematographiestudium. Arbeitet in einem Puppentheater. Gedruckt in Zeitungen, Zeitschriften sowie in Sammelbänden. Schreibt Kurzprosa, Märchen für Kinder, Gedichte.

Лысенко, Давид родился в 1950 году на Украине. Закончил лесо-технический институт. Живет и работает в Старом Осколе. Публиковался во многих газетах, журналах, алманахах, коллективных сборниках. Его проза звучала на радио России. Пишет стихи и прозу.

Lysenko, David, geb. 1950 in der Ukraine. Ingenieur. Lebt und arbeitet in Staryj Oskol. Gedruckt in Zeitungen und Zeitschriften sowie in Anthologien. Schreibt Prosa und Gedichte.

Машкара, Александр родился в 1947 году в Плауэне (Германия). Закончил Литинститут. Живет и работает в Старом Осколе. Печатался в газетах, журналах, коллективных сборниках. Автор книги стихов (1992). Соинициатор данного альманаха. Член СП России.

Maschkara, Alexander, geb. 1947 in Plauen (Deutschland). im Fernstudium absolvierte er die Hochschule für Literatur. Lebt und arbeitet in Staryj Oskol. Gedruckt in Zeitungen, Zeitschriften und Anthologien. Autor eines Lyrik-Buches. Mitglied im Russischen Schriftstellerverband, Initiator des Lyra-Festivals in Staryj Oskol, Mitinitiator des „deutsch-russischen Almanachs“.

Молчанов, Владимир родился в 1947 году в Белгородской области. Закончил Воронежский университет. Публиковался во многих газетах, журналах, коллективных сборниках. Автор 4 поэтических книг. Член СП России.

Moltschanow, Wladimir, geb. 1947 im Belgorod-Gebiet, absolvierte die Universität in Woronesch. Gedruckt in Zeitungen, Zeitschriften und Anthologien. Autor von 4 Lyrik-Büchern. Mitglied im Russischen Schriftstellerverband.

Огурцова, Татьяна родилась в 1960 году в Курске. Закончила институт культуры. Живет и работает в Белгороде. Библиотекарь. Печаталась в газетах и коллективних сборниках. Пишет стихи и прозу.

Ogurzowa, Tatjana, geb. 1960 in Kursk. Bibliothekarin. Arbeitet in Belgorod. Gedruckt in Gebietszeitungen, Zeitschriften und Anthologien. Schreibt Gedichte und Kurzprosa.

Олейникова, Татьяна родилась в 1948 году в Томаровке Белгородской области. Закончила литературный институт. Живет и работает в Старом Осколе. Учительница. Автор 4 поэтических книг. Член СП России.

Olejnikowa, Tatjana, geb 1948 in Tomarowka (Belgoroder Gebiet). Lebt und arbeitet in Staryj Oskol. Im Fernstudium absolvierte sie die Hochschule für Literatur. Lehrerin, Autorin von 4 Lyrikbüchern. Mitglied im Russischen Schriftstellerverband.

Ришер, Вольфганг родился в 1935 году в Гамбурге. Изучал электротехнику, педагогику. С 1961 года работает в школе, с 1977 - руководит образовательным семинаром для учителей в Хелмштедте. Автор многочисленных публикаций. Лауреат премии „Молодая поэзия Нижней Саксонии" (1971 г.) 1988 год - сборник стихов „Родные просторы". Член писательского союза.

Rischer, Wolfgang, geb. 1935 in Hamburg. Studium der Elektrotechnik, dann Pädagogik, seit 1961 im Schuldienst, leitet seit 1977 das Ausbildungsseminar für das Lehramt an Grund- und Hauptschulen in Helmstedt. Mitglied im VS. Lyrikpreis „Junge Dichtung in Niedersachsen" 1971 und „Niedersächsisches Künstlerstipendium für Literatur" 1989, zahlreiche Lyrikveröffentlichungen, u. a. der Band „Landvermessung", Davids Drucke, Göttingen 1988.

Рюэ, Биргит родилась в 1942 году. Выросла в Валькенриде - Южный Гарц. Живет под Зальцгиттером. Учительница. Пишет стихи и прозу. В 1993 году - литературная премия „Брауншвейгский Ландшафт". Автор сборника стихов „Дома на другом берегу" (1996). Член писательского союза

Rühe, Birgit, geb. 1942. Aufgewachsen in Walkenried/Südharz, lebt in Heere bei Salzgitter, Lehrerin, jetzt in der Erwachsenenbildung, Bereich Literatur; schreibt Lyrik und Kurzprosa. 1993 Literaturpreis der Braunschweigischen Landschaft. Einzelveröffentlichung: „Die Häuser am anderen Ufer", Gedichte in bibliophiler Ausgabe bei Eric van der Wal in Bergen, Holland 1996. Mitglied im VS.

Тантов, Лутц родился в 1956 году в Брауншвейге. Изучение германистики, научый сотрудник в университете Заарбрюккена, профессиональный журналист по культуре и науке. До 1995 года - пресс-референт Брауншвейгского университета. В настоящее время - референт Северонемецкого Банка в Ганновере. Имеет многочисленные публикации, пишет короткую критическую прозу.

Tantow, Lutz, geb. 1956 in Braunschweig, Germanistik-Studium in Saarbrücken, Promotion über Franz Kafka, wissenschaftlicher Mitarbeiter an der Uni. Saarbrücken. Fachjournalist für Kultur und Wissenschaft, bis 1995 Leiter der Presse- und Öffentlichkeitsarbeit an der Technischen Universität Braunschweig. Vorsitzender von TV Minerva und der Bibliotheksgesellschaft Braunschweig, heute Bankprokurist bei der Norddeutschen Landesbank in Hannover. Zahlreiche Veröffentlichungen, z. B. Biographien über Friedrich Dürrenmatt und Max Frisch im Heyne Verlag München (1992 und 1994), schreibt kritische Kurzprosa.

Чернухин, Игорь родился в Томаровке Белгородской области в 1930 году. Учился в Харьковском юридическом институте. Был незаконно арестован. Освобожден в 1956 г., полностью реабилитирован. Закончил Литинститут. Автор 12 поэтических книг. Член СП России.

Tschernuchin, Igor, geb. 1930 in Tomarowka (Belgoroder Gebiet), in der Sowjetzeit politischer Häftling. Im Jahr 1956 aber Freilassung und Rehabilitation. Im Fernstudium Absolvierung der Hochschule für Literatur. Autor von 12 Lyrikbänden. Lebt und arbeitet in Belgorod. Mitglied im Russischen Schriftstellerverband.

Устинов, Валентин родился в 1939 году в Сибири. Живет и работает в Москве. Много и успешно сотрудничает с литераторами Белгорода и Белгородской области. Автор 17 книг. Редактор коллектива русских авторов нашего альманаха. Член СП России.

Ustinow, Valentin, geb. 1939 in Sibirien, lebt und arbeitet in Moskau. Häufige Zusammenarbeit mit den Belgoroder Literaten. Autor von 17 Büchern (Lyrik und Kurzepik). Redakteur des Verlages Moskauer Schriftsteller. Führungsmitglied im Russischen Schriftstellerverband.

Вагнер, Гюнтер родился в 1925 году в Брауншвейге. Был морским радистом, подсобным рабочим, переводчиком в Британской армии. С 1952 года по 1984 год - учитель. Писательская деятельность с 1937 года. Пишет для молодежи - романы, лирику, короткие истории, радиопьесы. Был членом писательского союза. Умер в 1997 года.

Wagner, Günter, geb. 1925 in Braunschweig. Marinefunker, Hilfsarbeiter, Dolmetscher bei der britischen Rheinarmee, Pädagogikstudium, 1952 bis 1984 Lehrer, schriftstellerisch tätig seit 1937. Jugendliteratur, Lyrik, Kurzepik, Romane, Hörspiele, Theater. Mitglied im VS. Günter Wagner ist 1997 verstorben.